韩寒 著

qīng
青

湖南人民出版社

chūn
春

序言

    《青春》里收编了我最近的一些文章。这本书最早在台湾地区出版，大陆版本自然多有不同。这个书名源于早先时候富士康员工不断跳楼，我写了一篇文章，叫《青春》。这是一个太大的名词，其实不太恰当，就好比你不能弄一些街拍照片就出版一本摄影集叫《中国》。和很多人逝去的青春不一样，这篇文章得以幸存。文章里提到的一个朋友，是我的邻居，出现在很多的场合，包括《独唱团》里的《所有人问所有人》。他是年轻人的缩影，我去过很多城镇后更加这么觉得。过了少年，失去青年，踏向中年；机灵，勤奋，困苦，无望；想活得更好，活得更不好；有理想，不敢想；想创业，怕失败；盼真爱，却已婚；恨特权，又敬畏；怨体制，但想做公务员；要买房房价涨，要买车油价涨；吃饱了勇敢，饿着了懦弱；遵纪守法，但眼看着胡作非为的一个个发家；想胡作非为，上路一半摩托车又被扣了。身边能听说的混得很好的非投胎类，似乎都不带有正面激励色彩。然后一晃眼，孩子该交择校费了。

虽然感动常不在，但好在一些念想就像一张防坠网。我其实不喜欢理想这个词，因为这个词现在更多地变成了商家用来包装自己人文关怀的空词。好似一两个广告就能使年轻人内心激荡，好似每个人都必须得有攀登珠穆朗玛、征服撒哈拉的一些小九九，否则就是迷茫和麻木。其实根本不是这样，一张机票能搞定的事情，准确地说应该叫旅行计划。而理想本身什么都不是，一点也不高尚，理想就是有点想，是欲求的一种文艺表达。所以，我从来不觉得强调理想是救赎青春的一种方式。我甚至不觉得年轻人需要什么救赎，什么方向，什么理想，什么希望，都不需要。

就像每一个时代里的人都觉得自己没有赶上一个好的时代一样。

这里没有末路，你从不曾孤独。

CONTENTS
目　录

谷歌和百度还是有区别的，谷歌要脸，所以大家都想冲上去撕破它的脸皮；百度不要脸，大家一看没脸可撕，就四散了。

所以我们在文学作品和歌词里经常看见一句话，就是让心去流浪，当然身体还在城市里交房贷。

我只是一介书生，在这个又痛又痒的世界里写了一些不痛不痒的文章而已，百无一用。

以前往往发现一个五毛党，大家就可以围观圈养起来，但是现在随着上删下刷，在个别地方甚至出现了被五毛党围观的景象。

我们总是把送外国人一点土特产当成在给外国人输出文化了。

人生一场就是在不同的时候竖起不同的手指而已。

得之我幸，不得我不信，再不得我不幸，无非就是这样。

从位置上来看，我要去的是北边，但是在记忆中，我却应该要上南通方向的匝道，真的好健脑。

朋友，请不要随意玷污在这个时代里被删除的文章。

这些年轻人都是无解的，多么可悲的事情，本该在心中的热血，它涂在地上。

青春

我有一个朋友，毕业之前虽然也没有什么远大的理想，但积极健康。毕业以后去找工作，好不容易才找到，给别人加工东西，一个月赚一千五百块。时常加班，有时候有加班工资，有时候没有，合起来一个月能赚两千。

他家在二十公里外，买了辆电瓶车，每天早出晚归，刚刚结婚，买不起房子。好在农村当时盖了三层楼，他们把一层和二层都租给了外地来打工的人，每间两百多，一共租出去六间，一个月可以补贴一千五。这些外来打工的人往往一个家庭三个人住一间，每个人的收入是八百多，靠步行和骑车在附近的工厂里上班。附近的工厂是比加工业污染更大的化工业，是当时我们镇招商引资过来的，大部分都倒闭了，没倒闭的略有盈余。但是一旦治理污染，可能就亏损了，一亏损就没办法交税和拉动GDP了，所以也不能管。被这些厂污染的河流穿过我家门前，我老家的村里几乎每个农民住宅都住了超过二十个外来务工者。这些农民住宅的房东一般都有一个孩子，几乎所有的孩子都类似我文章开头提到的那个朋友。我朋友觉得自己混得还算不错，至少娶到了老婆，但每个月的钱差不多都用于基本生存，什么大件都买不了。如果想要换个工作或者自己出去闯闯又不敢，一方面万一有个三长两短，没有社会保障；一方面如果断了一个月的收入，生活就没有办法继续了。他们想去镇上买房子，把自己的户口变成城镇户口，这样以后对小孩子比较好。但是上海郊区镇上的房子一套至少要五十万，他要不吃不喝工作二十五年才可以，而且还是毛坯房，要装修好还得再饿五年。

他的隔壁邻居，我的另外一个朋友，刚大学毕业，工资比我第一个朋友要高一点，但女方要求也高，一定要在市里有一套房子才能结婚。一套市区二手的老公房至少需要两百万，我的朋友需要工作六十年，或者他们家的房子出租给八户外地打工人家，出租一百年才能买得起市里的房子。

于是他们唯一的期盼就是动迁，就算政府五十万拆了他们的房子，五百万把这块地卖出去都无所谓，至少五十万可以付清市区里那套房子的首付，以后的再说，老婆好歹可以娶进门。至于房子拆了以后父母住哪里，这的确是个问题，也许可以三百元租其他农宅的一间大一点的房间过渡几年再说。我的第一个朋友以前的工作是三班倒，工厂太远，身体出了问题，辞职才换了现在的工作，期盼着少加班和加薪，老板表示明年可以加一百块，后年再加一百块。他上个礼拜告诉我，他的父亲可能要去海外给别人做泥水匠，出去三年就可以赚二十万。我问他，那你怎么打算？他说就这样，还能怎么样。他的母亲在给人拧电灯泡，八百块一个月。这个上海郊区的家庭，孩子二十多岁，都能望见五十多岁的自己，而五十多岁的父亲，还要去海外打工。至于那些外地打工者，他们虽然觉得讨厌，把周边工厂的工作额度都挤了，而且还把工资挤压到几百块一个月，整个村里外地人本地人的比例都超过了10∶1，但是又不得不依靠他们，因为他们租了他们的房子，一年也给他们带来了一万多的收入。

这就是上海郊区普通人的生活，也许还算是不错的家庭。这就是为什么富士康有这么多人跳楼的原因。机械的劳动，无望的未来，很低的薪水，但去了别的地方薪水更低。很高的物价，除了吃得饱和穿得暖以外，别的什么都做不了。而让你吃饱饭还在被当作对世界人类天大的贡献和政绩宣传，还恨不得拿出远古时代的数据和冰川时代的照片来表明，你能吃饱已经要谢天谢地了，你说你能奢望什么。我的那个朋友虽然生活压力大，但是他还有朋友和家庭，在离他二十公里远的地方。绝大部分的年轻打工者，他们的家庭都在几千公里外，而且家庭也未必温暖，你赚了多少钱往往是中国家庭衡量一个小孩在这个世界上的价值的唯一标准。

这是一个大部分网民都未必熟悉的群体，你看论坛上很少有现役的富士康员工向大家讲述关于自己员工跳楼的故事和自己的生活，因为他们都没有这个时间甚至能力。外面的灯红酒绿和他们一点关系都没有，连对爱情的憧憬都没有，这个世界上没有第三者，现实是最大的第三者。也许唯独在跳楼的时候，他们的人生价值才有所体现，那就是被当作一个生命被提起和记起，可惜现在又变成数字了。

心理辅导是没有用的，当我看见我们的女人搂着有钱人，有钱人搂着官员，官员搂着老板，老板搂着林志玲，你怎么给我心理辅导？一打听，同学们混得都更惨，有混得好的男同学，那是靠家里，有混得好的女同学，那是嫁得好。别人都羡慕你在富士康有社会保障，按时发工资，安排住宿，加班还给钱。你说你像个机器，别人说自己像包屎，方圆几百公里内，连个现实的励志故事都没有，这就是很多年轻人的生活。

如果将他们的薪水涨十倍，会不会没有人跳楼？只要别通货膨胀十倍，当然没有人再跳楼。当然，老板也不会这么干，就算老板这么干，也会被勒令禁止。在未来的十年里，这些年轻人都是无解的，多么可悲的事情，本该在心中的热血，它涂在地上。

2010年5月28日

屁民们只是觉得，以前你吃肉，我们吃骨头，我们已经满足。但现在怎么连骨头都不剩了呢？那当然，主人养狗了嘛。

他人的生活

昨天看到一个视频，说一个十七岁的小伙子买火车票，要站五千公里，花六十多个小时回家过年，这是春运中最普通不过的人。

在摄像机的辅助下，售票员表现得颇有耐心，小伙子也表示非常理解，一副和谐赴难的景象。有时候在街上开车，我常不敢看窗外，一方面实在辛酸，一方面虽然正当获利，但总觉得自己做错了事，忐忑不安。

前几天陪一个朋友去买火车票。

当时未到春运，半夜售票大厅里空空落落。但很快就传来吵架声，我想，这几百平的大厅里总共就四五个人怎么还能吵起来。走近一看，原来是有两个挑着蛇皮袋的小伙子和两个老保安在吵，吵架的缘由是小伙子说，自己要考虑一下买哪天的票，所以要在大厅里待个几分钟。保安觉得停留的时间太长了，这分明是来取暖和蹭地儿休息的，要买必须现在买，要考虑到外面考虑去，考虑清楚了再过来买。小伙子说，我就是把东西撂下来想一想。保安说，你们这种人，我看多了，给我出去。上面有规定，售票大厅里停留不准超过一分钟。小伙子背起蛇皮袋，愤然离开。

有的时候就是这样，虽然常有群体事件发生，但这个社会上更多的其实是屁民对掐，包括以往发生在上海的电动车看管员和电动车车主因为停电动车收费的对砍，其实都是屁民间的互相为难造成。

但屁民们需要的只不过是正义和权益而已，从来不是公正和权力。屁民们只是觉得，以前你吃肉，我们吃骨头，我们已经满足。但现在怎么连骨头都不剩了呢？

那当然，主人养狗了嘛。但是，当真的掉下一些骨渣来时，又变成了屁民互掐。

至于那个小伙子，我自然不能想象他是怎么样熬过这五千公里的。每年春运都有两亿人，像他这样的至少有一亿。看着窗外的天大地大，都和他们没有关系。辛苦一年回家，国家连个折扣都不给他们。如果没被挤悬空的话，此刻他们的人均占地面积接近一平方分米。

这群被城市化进程和大国风范利用的年轻人，打工一年，说你没用的时候，你就没用，北京的地下室都不让出租了，很多地方要开始限制群租房；说你有用的时候，你就有用，比如烧掉一栋楼要迅速查明事故责任人的时候你就很顶用。工作一年，排队一天，买好原价票，穿着纸尿裤，站着回老家，相当有尊严。

在《青春》里，我写到了一位朋友，在《独唱团》里，问什么时候老板可以涨工资的也是这位朋友。现在他永远不用担心老板涨工资的问题了，因为他失业了。

他是本地人，他家就租给了很多户从外地来打工的人做宿舍，一月两百一间，家里能有点外快。如今他老婆怀孕了，三月份要生，好在他又找到一个月薪三千的工作，心满意足，而且工作距离在电瓶车充满电的续航范围里。

他现在就担心两件事，一件是虽然月薪三千，但是一盘算，光买奶粉和纸尿裤就差不多了，是不是要往纸尿裤里垫一些草纸；第二件是他因为油价高才买了电瓶车，好不容易电瓶车的限制政策延缓了，但全国到处都在节能减排，万一家里被拉闸断电，这电瓶车怎么充电，这么远该怎么去上班。

我安慰他说，第二个问题，你大可放心，因为你家断电了，工业区肯定也断电了；工业区断电了，你那家工厂肯定也断电了，那要用柴油发电机；好在这年头连柴油也荒了，所以你那厂就破产了，你就没工作了，那就不用电瓶车了。

朋友说，真是，那我就不怕了，还是你想得周到啊。

2011年1月17日

朋友说，我一直相信你的老百姓买不起就是硬道理，楼市必然跌破一千的理论，于是我就去炒股了。

马上会跌，跌破一千

最近我发现我钱包里老是没有钱，吃饭的时候掏出来只剩下几张十块，好在一碗面还能买。我开始思考，我一般出门都会往钱包里放个一千多块钱，为何呢？后来我终于想明白了，加满一次油需要六百，几个朋友一起随便吃个饭再花掉两三百，来回高速公路花去五十，在不给自己买任何东西的情况下，一千块就差不多了。

我不由感叹，那些收入两三千的朋友们，在这个城市里是如何生活的。当然你可以说他们不用加油，但毕竟你要过三十天日子，还要住。这个城市的大部分设施都不属于他们，他们唯一能做的就是看，好在还算慈悲，看城市并不需要缴养眼税。

回去的路上，我便开始回想。记得2000年，我刚出版第一本书，当时买了一辆富康，因为那时只有富康、桑塔纳和捷达，富康显得最动感时尚。当时还没有时尚这个词。唯一的遗憾就是名字土气了一点。当时油价三元，加满一箱油一百多，我出门带一千的习惯就是那个时候养成的，这点钱已经够我开到欧洲了。当时父母要我买房子，并不是因为要改善居住条件，也不是因为要投资炒楼，而是因为当时上海市房地产低迷，于是政府出台一个政策，购买商品房，退已缴纳的个人所得税。当时上海郊区的房价几百到一千元，市中心三千元。我说，这房价太贵了，太不合理了，市中心三千元一平米，买一百平米要三十万，老百姓要干十多年才能买得起房子，这是虚高的。干五年，买个一百平的房子，才是合理的。房价虚高了一倍。不能买。马上会跌，跌破一千。

后来我去了一次香港，觉得香港太贵了，怎么吃一个盖浇饭要四五十港币？当时港币和人民币是1比1.2左右。我在香港打了一次车，花了一百多人民币，觉得太不可思议了。一问香港的房价，都要几万元一平米，酒店都要上千元一天，回到上海，身心舒畅。

2001年，我去了北京。我在望京租了一个房子，两室两厅两卫，房租一千多。当时版税都去练车改车了，差点连房子都租不起。后来终于积下五万块，在北京买了一套房子。当时房价是每平方三千八百元，我买了个六十平方的房子，首付五万，月供一千二。房子位于管庄，名字很洋气，叫柏林爱乐。每天需要走京通高速从双桥出口下。令我疑惑的是，为什么这个房子是朝阳区的，但是我开车去通县狗市只要五分钟，而去朝阳公园却要半小时。但是很快，我发现，京通高速走到头连着的就是长安街。于是，我很简约地告诉我父母，我住在长安街沿线。乡亲们又是一顿乱传，等我回老家，他们都羡慕地问我，听说你住在天安门边上，见到过国家领导人么？

当时的油价还是三块多。我对朋友说，油价太贵了，得跌到一块才合理。要不然老百姓一个月工资就加几箱油，不合理。当时北京新源里都是站街的失足妇女，失足一次只需要一百五十元，失足一夜两百元。

后来，由于我在北京迷失了，而且再迷失下去也要失足了，我就回到了上海。到了松江，租了一个房子，两室两厅两卫，租金三千元。当时油价四块多，我对朋友说，如果油价突破了五块，按照老百姓现在的收入，就是个大笑话。当时松江还没有一个五星酒店。我租在开元新都，一个新的小区，在大学城的对面。当时那里房价五千。朋友说，你买一个房子吧，但当时我实在买不起房子，我经过松江新城区密密麻麻的新楼盘，销售率是百分之一百，入住率是百分之一。我对朋友说，这里肯定要崩盘，这么多房子，哪有这么多人去住啊，五千一平方，就是个大笑话，按照老百姓现在的收入，得工作二十年才能买套两居室。等着吧，松江新城区迟早跌破一千，我预计五百元一平，到时候我再十万块钱买两百平。朋友说，你说的一向有道理，我现在买就砸在手里了，我要憋着，谢谢你给我的启发。

后来我给父母买了一个房子，当时在金山区朱泾镇，我贷款买了一个三居室，至今我依然非常喜欢那套房子，虽然不大，但是非常工整。当时房价是三四千，花了我所有的积蓄。房子楼下就是洗头的，洗头一次十元，洗车一次五元，打飞机三十元。当时我几乎已经停止写作，赛车刚刚起步，过着最苦的日子，进了全国最好的车队当主力车手。年薪八万元，但因为经常不幸获得第四名，奖金就没有了，即使这样一年也有个十万多的收入。加上以前有些版税，我也很满意那样的生活，就是觉得这房子买的时候遇到了最高峰，以后肯定会跌进一千以内。不过让家人早些住，住得舒服点也是值得的。我当时都忘了北京有个小房子，我在想，那破地方估计快跌破一千了吧？不去想，省得烦心。

当年发生惊人事件，油价突破了五元。我想，这得游行了吧？当然，我错了。国民们真的很好，一点事也没闹。

后来就是一长串的省略号，就不细说了。那个要憋着的朋友我也再没见着。我的跌破一千的预言也时常被各种朋友们提起。有一天一个朋友说，你丫的直觉太准了，真的跌破一千了，不过不是楼市，是股市。我不炒股，但知道个大概，我说，什么，股市跌成三位数了？朋友说，是啊。我说，哦，你最近忙什么呢？朋友说，我一直相信你的老百姓买不起就是硬道理，楼市必然跌破一千的理论，于是我就去炒股了。

到了今天，油价已经接近十元，高得快离谱了。房价应该更高，高到根本就够不着，这样才能让那些非要房子不可的姑娘们都嫁给有钱人，保障我国的年轻男人一心创业，心无杂念，身无压力；税率也应该更高，个人所得税百分之八十，不光买房子要交房产税，生孩子还要交产房税，破坏环境以后老百姓要交纳环境保护税，赚了要交利润税，亏了要交经验税，死人要交遗产税，壮丁要交遗精税，男人要交睡人税，女人要交被睡税。至于为什么这样更好，我也不知道，只知道小时候墙上就写着，纳税光荣。能把字用红色写在墙上那么大而且不被擦掉的，都是不能惹的。

至于我，还是习惯了揣着一千块钱出门。只是前几天去了一次香港，觉得那里物价怎么这么便宜。今天去肯德基，买了一个甜筒，给了两块钱，服务员说，三块。可能是肯德基麦当劳涨得少，我还停留在汉堡十元的年代里。但是有一个喜讯，在房价油价电费水费齐涨的今天，终于有一样收费项目减价了，而且一减就减去了将近一半的价格，而那些涨价的项目往往每次只涨一两成，说明该大方的地方还是很大方的——登记结婚从九元降到了五元，也就是说，如果你一辈子结婚三次，可以为你省去足足十二块。谢谢。

2011年2月22日

我们的几亿农民，几亿工人，几亿穷人，几亿廉价劳动力们正以自己的实际行动，这些年一直默默无闻地坚定抵制着法国货。

必须抵制法国货

这次我们抵制法国货，以表达愤怒，达到在动物世界中弄大自己恐吓对手的效果。但这次不大到位，反应不热烈，而且对于时尚爱国青年来说，法国货已经被抵制过一次了。再要抵制法国货，显得有点过气了，没有新意，没有突破，时尚爱国青年都等着发新专辑呢。结果一听，我靠，是张精选集，大家也都有点疲劳。但是，和上次不同的是，这次我却很支持抵制法国货，原因有这么几点：

第一，我们必须要转移注意力，找点乐子。我们的报导写道："从法国的政局看，萨科齐日子的确不好过。经济不景气，失业大幅增加，民众支持率下降，于是萨科齐在人权问题、涉藏问题上动脑筋了，想在这些方面整出点动静来，转移公众的视线。"

现在的经济情况的确不乐观，而且要过年了，大家需要像当年抵制家乐福那样，热热闹闹的，让我们暂时忘记生活的压力。

第二，买不起法国货了。因为大家的股票缩水、经济衰退、能源加税等等原因，一向不便宜的法国货现在看来更奢侈了。既然暂时买不起，不如加入抵制的队伍，这样一来，可以换取爱国的好名声，以便在经济复苏的时候借这个头衔东山再起。

第三，可以防腐败。大家都知道，现在抵制法国货正欢的人可能不是法国货的购买群体，有些人可能还在为Q币发愁，也有些人可能五毛一个帖子五毛一个帖子地积攒不起什么钱来。而我本人平时也不用什么法国来的奢侈品，所以，抵制法国货对我们的生活没有什么影响。但是对一些喜欢出国考察的人影响很大，在世界各地的免税店里，他们，尤其是他们的太太是法国货的消费主力。抵制了法国货，他们就不好意思把法国奢侈品背回中国，而他们又比较落伍，一时估计也没听说过别国的奢侈品，所以短时间内限制了他们的消费，在表面上等于防止了腐败的发生。

第四，可以帮助我的拉力车队。虽然我明年会转会，但是我还是希望上海大众333车队在全国拉力锦标赛的1600CC组中获胜，它最大的对手就是东风雪铁龙。如果抵制成功，全国人民都不买雪铁龙，那么东风雪铁龙这个车队也将难以维持，我的老东家就可以不战而胜。同样，如果你是法拉利车队的车迷，你可以让雷诺倒闭，这样，雷诺就会继本田之后退出F1。

第五，可以降低泡妞的成本。一旦抵制法国货的浪潮掀起，你就可以对喜欢法国奢侈品的女孩子们说，为了国家，我不会给你买这个的。

综上所述，抵制法国货是利大于弊的，这和抵制日本货还不一样。抵制日本货，可能要影响到我们自己的生活便利，而且更可能会言行不一，遭人诟病；但抵制法国货更容易做到一些，我们的几亿农民，几亿工人，几亿穷人，几亿廉价劳动力们正以自己的实际行动，这些年一直默默无闻地坚定地抵制着法国货。虽然，我觉得等我们的普通工人和农民都能买得起法国货的时候再谈抵制，时机上更合适一点，但是，在这个受到了委屈的时刻，我们还要等什么呢？我们早已是义愤填膺，爱国难耐，现在只等在各大网站和报纸上建议抵制法国货的号召者自己把家里的法国货拿出来当众烧毁，而我们必将随后赶到。

2008年12月10日

编者按：2008年12月1日，一篇题为《萨科齐会见达赖危害中国核心利益，中华网发起对法国货的第二轮抵制》的文章出现在网上。帖子称，"萨科齐宣布会见达赖后，中国外交部推迟（原定十二月初举行的）中欧领导人年度峰会，但担任欧盟轮值主席的萨科齐随后报复性取消中欧经济峰会，明确告诉中国，他要在涉及中国国家主权及领土完整的问题上，走上不归路。因此发起抵制法国品牌的行动，呼吁网友签名支持。" 于是，不到两天时间就获得近7万签名。在一些门户网站关于萨科齐会见达赖的新闻跟帖中，网友们亦认为给法国以颜色的方法之一就是抵制法货。

好的电视节目应该是向着这个世界上存在的问题和不公正去冲突，而不是找一堆嘉宾现场去制造冲突。

五毛现形记

这两天有记者问我关于某卫视录制节目时的一些事情，我陈述一下事实。

某卫视有一档新节目（为避免炒作嫌疑，我就不提节目的名字了），想邀请我当嘉宾主持，我推辞了很久。但对方非常热情和诚心，尤其是李小姐，人很好，感动了我，我就答应做一期节目的访谈嘉宾。

在节目期间，有和我关系比较好的一个读者发短信给我，说节目现场有陷阱啊，要小心。我以为他们是为了制造惊喜，在地上挖了一个陷阱，上台的时候还小心翼翼地一直看脚下，生怕掉洞里。

节目录制得还算顺利，谈话也不错。到了最后的环节，主持人要求现场的观众对我的书作一个评价，是毁还是誉。现场50人，举起了牌子，男主持人不假思索，道，看来毁誉参半，但还是毁的人比较多啊，有29个人举了毁的牌子。很遗憾，看来你这本书不能上我们节目的好书榜了。

我当时就很奇怪，按照正常人类的能力，要在50块牌子里数出掺杂的29块不同的牌子，至少需要点时间。看来这数字是事先就安排好的。我戴上近视眼镜仔细看了一眼观众席，发现最后两排的观众，气质诡异，神色可疑，我就明白了读者提醒我的是什么事了。我就说，我有一个要求，请举"誉"的牌子的观众站到我旁边来，请摄像机拍一下台上剩下的观众，让电视机前的观众分辨一下他们像不像读者。

结果顿时台上剩下二十多人，都是一些大爷大妈，很多人用牌子遮住了脸。我问道，你们看过我的书么？

因为这个情况导演没有交代过，所以群众演员们不知道该怎么演，面面相觑。

我说，你们连我的书都没看过，毁什么呢？

这些人一眼就能看出是请来专门举"毁"字牌的北影边上的群众演员。我后面的读者告诉我，他们交流过了，是节目组每个人给钱再管饭请来的，只要举"毁"的牌，节目结束后就可以领到二十块钱。里面人还直问，韩寒是干吗的？我本想说，原来你们就是五毛党啊。后来想想，算了，天这么冷，他们也是混口饭吃，不容易。

后来一个导演眼看节目不和谐了，赶紧上台，有点着急，说，韩寒，你是不是很在意读者对你的看法？

我的回答大意是，我当然在意读者了，但得是我的读者才行，至少得是个读者啊，说我不好不要紧，你不能花钱请点群众演员来制造一个民意啊。

情况就是这样的，对于我的书上不上某个节目的榜，我是真的无所谓的。但我是一个很不喜欢造假的人。中国有太多造假的事情。我这是小事，还不关民生社稷，但我最无奈的就是在出台某项明显是于民不利的条例的时候，在互联网上假惺惺弄一个投票，无论你如何投票，最后结果都是绝大部分老百姓表示支持。

当时在上海，"他们感动我之旅"中，我就说我不喜欢电视节目里闹冲突，好的电视节目应该是向着这个世界上存在的问题和不公正去冲突，而不是找一堆嘉宾现场去制造冲突。现在的电视节目都喜欢这么干，必须得有分歧和争端才行，我觉得这样发展下去，卫视明年就会有劝恩爱夫妻离婚的节目出现，叫《我拆，我拆，我拆拆拆》。

后来，我看到网上我的好心读者发帖子说我被卫视涮了，我发短信过去说，我的读者们为我鸣不平，有记者也问我这事，这样对我的读者们也很不公平。我觉得为了你们自己的节目质量和电视台的形象，你们得研究一下怎么办，要不就全部照实播出，让大家乐乐也行。

毕竟，人人听闻五毛，但很少有人真的见过五毛，虽然这些只是初级娱乐型五毛，但是，五毛现形都是大快人心的。

其实作为这个读书节目，节目组准备得很辛苦，问题都很尖锐。这是个要送审的样片，主创人员的迫切之心我也能理解，最后结果是读者们都毁我的书也肯定好炒新闻。只可惜他们一心还是想要制造矛盾冲突和人为结果，结果不像以前的选秀节目那么好操作，被大家一眼识破，导致尴尬场面。但是他们一直不觉得自己造假有任何问题和过错（可能宣传机构都是这么办事的）。后来他们想出的补救方法是邀请我做节目的主持人以拉近关系，并在新闻稿里借我之口说其实这节目我很满意，但我最近几年不会考虑去做主持人，因为没人可以导演我。而其实你们最对不起的是在现场被利用的我的读者们，这样写也无疑是让我把那些在为我讨个公道的读者对立起来。我最感谢的是冒着零下十多度的严寒去这个节目现场并且被戏弄的读者，感谢他们事先提醒我。相信节目组会纠正错误，把一个单纯有趣的读书访谈节目献给观众。也希望节目的导演可以向那天去现场的我的读者们道歉，这个事故无论从哪方面来说，导演组都是错的，因为——你们真把自己当成是导演了，问题是，我和我的读者不是来演戏的。

（当然，这篇文章里为了保护主持人和嘉宾，所以最初规避了主持人的名字。但别人还是说了。所有这些和现场的另外一位嘉宾主持小姐没有任何关系，节目又不是她策划的，托也不是她请的，当时也是她圆的场给双方解的围，就事论事，将问题推给她都是不公的，而且她主持得要比想象中好很多，这个卫视是我个人觉得国内不错的电视台，这也不是这个电视台想出来的主意，千错万错，该节目导演组的错。）

2008年12月23日

自豪是需要付出一定代价的，吹牛逼也是要上税的。

直辖市小费若干问答

问题：北京为什么要收取机动车排污费呢？

回答：因为作为直辖市，上海、重庆和天津都单独收取每年数百数千元的买路钱，首都有首都的尊严，不能抄袭要原创，所以有了排污费。

问题：那收取了排污费以后空气质量会好一点么？

回答：空气质量该怎么样还是怎么样，但是，你从各大报纸上看到的数据肯定显示空气质量较收排污费之前大为好转。

问题：如果听证会上大家都很反对怎么办？

回答：听证会只有思想正确、政治立场坚定的同志才能去，你我的思想是错误的。退一万步，就算大家都反对，肯定会有人提出，这个不合理，多开多排污，少开少排污，排污费应该折合在油价里，于是，政府便会采纳这一条建议，北京的油价会较周围城市的高出一点。

问题：我觉得车型和排量不同，污染也不同，不能一视同仁，应该根据排量不同而采取不同的收费标准。收点就收点吧，至少还能合法上路。

回答：相关部门就等着大家都这么想。人家直接说要强奸你，你肯定不愿意，但人家先说，我要杀你全家，然后人家又说，要不你就让我强奸一下，这下你就愿意了。最后，你还是被人强奸了，但你还觉得强奸犯很仁慈。

问题：为什么网上还有人支持排污费呢？

回答：排除五毛的原因，还有一个贫富差距的原因，因为对机动车这么多不合理的税费都是针对有车的人的，所以有些没有车的人会觉得很好，很舒坦，但他们必须弄明白以下几个问题：

1. 排污费你得不到一分钱。

2. 你是不是觉得自己这辈子是开不上汽车了？

3. 你骑车的路和享用的公共交通很大一部分是中国的私家车主承担的。当然，我认为当国家有力但是无心全部承担的时候，作为生活比较富裕的人，是有义务承担起来的。

4. 这是明显的苛捐杂税，你为图自己的舒坦，没有说话或者帮既得利益者说话，当苛捐杂税轮到你的头上的时候，也不会有人帮你说话。

问题：空气是越来越差了，我担心影响我们小孩的健康，汽车的污染是很严重，我支持收取排污费。

回答：首先，你要明白收取了排污费，空气未必会好转。如果收取了排污费，空气马上有所改善，那我也愿意交……但是且慢，这是不是说明政府不收钱就不治理呢？政府从汽车产业中得到了数以兆计的税费，治理由此带来的环境污染是他们得到好处以后的职责。不能像小姐一样，只有收到了钱，确保能得到好处，才勉强愿意去做一些服务，而且服务得非常没有感情，除非你再多给一点小费。

问题：如果不收取排污费，是不是就不治理了？

回答：这个倒是正常的，最怕收取了排污费，还是不治理。到最后宣布，空气已经不治，但依然要收取空气抢救费和空气下葬费。

问题：那么，你认为北京的排污费应该不应该收取？

回答：应该，但建议不要费尽心思想那么多的花样。上海的贷款道路建设费，天津的道路使用费，重庆的道路建设费，北京的排污费，太麻烦。很多人不是经常牛哄哄说自己是大城市的人么？自豪是需要付出一定代价的，让大家知道，其实吹牛也是要上税的。或者索性叫"直辖市小费"，人家都给你酒水包间打折了，没收你什么过路费，你还不给点小费？

问题：新闻说，东北有几个城市曾经在1998年到2003年间试点过收取排污费，据说效果很好。

回答：是的，效果很好，但没说空气改善的效果很好，我想，应该指赚钱的效果很好，平白无故多赚了几十亿，吃喝玩乐起来更宽裕了，你说效果能不好么。

问题：如果有一天你的文章被删除了或者没有了，那是为什么呢？

回答：最近在整治网络低俗内容，低俗，我一定是太低俗了。折腾，我一定是太折腾了。和谐，我一定是被和谐了。这事儿，一定是我说得太细了。

2009年1月31日

当你开车走在公路上的时候，你要时刻明白这一点并安慰自己，在你脚下的公路，应该是你间接出钱造的。

来自某市的神秘公司

前些日子看资本主义国家错误腐朽电视连续剧《越狱》和《二十四小时》，里面经常会说到一些神秘的COMPANY，我们的翻译是"公司"，这些神秘的公司左右着政府和国际形势的走向。当然，我认为，这是编剧们的意淫，因为比较明显的，类似的公司必须是官方控制或者官商勾结才能存在。越是和谐的地方，在文化上硬是要意淫出不和谐的内容，因为看完电视郁闷了，出门一看会感叹，真和谐；而越是不和谐的地方，在文化上硬是要意淫出和谐来，因为出完门郁闷了，一看电视会感叹，真和谐。

在某论坛一个帖子里（可能也是转帖），我们发现了这么一个COMPANY。这个中外合作某市新建设发展有限公司掌握着某市的大部分高架和一些高速公路，拥有内环高架和南北高架二十年的经营权和维护权，并且拥有这两项权利：

（一）向在某市缴纳公路养路费的机动车辆征收某市贷款道路建设车辆通行费收入中的七分之六；

（二）在某市现有出入境道口向过往的外省市机动车辆（特种车辆除外）征收某市贷款道路建设车辆通行费收入中的五分之二。

通过查询，这个于2001年注册成立的、收取了某市贷款道路建设通行费的七分之六（该市的每辆车必须每年缴纳1500元贷款道路建设通行费）和外地车进该市通行费的五分之二的公司只有七个人，所以，很明显，这是一个壳公司，那么它的后台是什么呢？该市市政府在其中的角色是什么呢？这究竟是一个什么性质的公司呢？

这个公司的可恶在于，联系人是"费力付"，你也知道大家付得很费力啊。

这一切，都要等待杰克·包娃或者史高飞的解答。当然，作为一个每年都缴纳1500元的车主，我很想知道我缴纳的这个归属于"中外合资新建设发展有限公司"的道路贷款费究竟是被用作了什么，这究竟是一个什么性质的公司。当然，别告诉我你们这里没有姓史名高飞的工作人员，所以不能解答。

　　按理来说，应该是这样解释的，这个公司是有背景的，负责修路，因为修路没钱，所以修的路都是这个公司贷款的，然后向公众收费。建成了外环和南北高架以后，一开始是要收费的，后来觉得收费会导致交通瘫痪，所以就统一收了这个道路建设贷款，来弥补和赚取当年市政府修路的费用。

　　解决的办法就是，还是得交钱。但是，当你开车走在公路上的时候，你要时刻明白这一点并安慰自己，在你脚下的公路，应该是你间接出钱造的。

2009月2月6日

究竟什么是山寨呢？究竟要不要封杀山寨呢？

其实很好理解的，你的老婆就是压寨夫人，你的二奶就是山寨夫人，你说怎么办。

山寨立法

前几天有记者问我，你对山寨文化怎么看，有人想要对山寨文化立法。因为我不知道别人的具体意思，所以我不好说，我只能说一说对于山寨的看法。

我认为，其实只要将山寨和盗版区分开来，这事情就解决了。比如我出版一本书，有人做了一个一模一样的，就是盗版，有人随便起了一个书名，然后套上我的名字，就是侵权，当然，除非他妈当时就是这么给他起名字的。但是如果叫"我的国"、"两座城池"，那就没问题，也算是一种山寨，我个人是完全不介意的。

山寨是历史发展的必经过程，山寨可以建立新文化，但靠山寨做到有前途就比较困难了。而当一个东西开始脱离山寨的时候，有人肯定会跟上。

立法是一个漫长的过程，对盗版和知识版权的保护立法是必要的，但是我们在这方面做得很差。而山寨只是一个新鲜词而已，也许就是一个流行词，等你的法律法规出来了，说不定没人再愿意提起这两个字了，因为已经过时了，等到大家赚的钱多了，日子过得更好了，山寨产品自然就过去了，而山寨文化更是娱乐了。

究竟什么是山寨呢？究竟要不要封杀山寨呢？

其实很好理解的，你的老婆就是压寨夫人，你的二奶就是山寨夫人，你说怎么办。

2009年3月7日

这件事情，千错万错一定是肇事者的错，因为他的错，一个优秀的年轻人已经失去了生命，这个错无可弥补，但人生还有很多好事他出来以后可以去做，希望他能明白。

杭州的交通事故

最近杭州发生了一起影响很大的交通事故。朋友说，你对汽车那么了解，有没有什么要说说的。

我想起了前几天上海车展的时候，某视频网站对我做了一个小的访问，我当时说，开车最重要的就是要注意安全，真正的交通规则的宗旨其实就是安全驾驶和不妨碍到别人。每个人都会有超速开快车的时候，还有一些地方为了征收罚款而设置的不合理限速，一个驾驶员一辈子没有超速过没有开过快车不大可能，这太窝囊了，但最关键的是一定要注意安全。

我一段话说了三次安全驾驶，结果视频出来以后，标题是"韩寒表示，没开过快车的人很窝囊"。这说明现在的视频网站的竞争真的很激烈，不惜以下次再也采访不到嘉宾为代价，也要眼前的点击率。

我承认我有时超速，一些路况和视线极好的四车道国道，突然间会出现一个40的限速，我相信如果大家不刹那一脚车，百分之九十九的人都是超速的。但是，在城区、市区、社区等人多的地方一定要遵守限速。一些路况好的地方设低限速往往是为了相关部门创收。在这个事故中，我们不能矫枉过正，要求全国都限速40。交通有两个重点，第一是安全，第二是效率。

在杭州这起事故里，很明显的，肇事者超速了，这条道路的限速是50，我认为这个地段这个限速是合理的。交警部门说，他当时的速度是70，我个人不是很认可这个速度的认定。当然，街上目测者的叙述只有参考价值，不能全信，但是，如果是70的速度，在这样的马路，视觉上是不会让人产生"快"的感觉的。这辆车原厂的刹车配备非常顶级，是准赛用的级别，100公里的速度刹车到0大概需要35米，车辆撞到人以后过了50多米才停住，我们假设他当时全力刹车，那速度应该是在每小时120公里左右的。

但是，客观地说，目击者所说的150公里时速我认为可能是偏快的，因为街道参照物的关系，120会让人感觉很快，而且150以上的速度撞到人很可能不能保持肢体的完整。从比较专业的角度，我是不认同交警给出的70的说法的，我有一个朋友在类似的速度不小心撞到过人，对方只是轻伤。我个人的判断是100到130之间的某个速度。

街道飙车是非常危险的，但随着汽车行业的发达，富二代的增多，年轻富翁的产生，汽车改装和街道飙车一定不可避免地会出现。任何国家都是这样的。但是所谓盗亦有道，一般来说，我认为最大的尺度就是在封闭的环线上偶然玩那么一下，以安全和可控为前提，以出了事承担所有责任为条件。要完全杜绝是不可能的。不光改装车，公交车、出租车、私家车都有互相斗气的时候。但是，在闹市飞街的确是非常危险和极其错误的一件事情。一般来说，开快车分五种，一个是赛道，一个是空地，一个是山路，一个是环线，一个是闹市街道，除了第一二个是比较健康的以外，后三者的受鄙视程度和业余程度是递增的。尤其是最后一个，山路往往是单车事故，环线往往是多车事故，但街上就是人车事故了。往往我们国内的汽车爱好者比较喜欢在街上开快车，因为街上人多，人多看的人就更多。这是最该谴责的。

我认为，这起事故的关键并不是所谓的富家子弟和老百姓等阶级对立面的问题，虽然这个对立面的话题性和煽动性都比较强。这件事情重要的是肇事者和其朋友表现出来的个人素质，更重要的是，大部分的年轻人，男孩，都喜欢速度。我身边很多同学，平时很斯文，但买了车以后很多都来问我怎么样才能开快车，怎么样才能漂移，我给的答案只有一个：上赛道，练。让壮年男子踏实开慢车是不可能的，要把他们引导向安全的地方发泄荷尔蒙，比如赛道。你在赛道上开得越好，在街上开快车的欲望也越小，对车辆的控制也更好，对于在街道上处理紧急情况也更有帮助。而且，赛道上快是真的快，街上快是小儿科。有很多号称街道高手的人，到我们车队试训，慢得就像路边的石头，所以，我希望喜欢开快车的人都上赛道来，租用赛道不贵的，比洗桑拿便宜多了。

逝者谭卓在最美好的时光里被交通事故夺去生命，他正准备结婚，我最了解享受爱情是多么美好的事情，可惜好风光似幻似虚，我们只能愿死者安息。

关于肇事者，我现在才知道，我和他还有一面之交。半年前在杭州的一个卡丁车场里，一个朋友举行过十几人的业余友谊赛，当时他代表杭州开卡丁车比较好的本地选手参加了这个友谊赛。排位赛的时候我是第一，正赛一起步就直接被他撞出去了，我也没有计较，一来这又不是正经比赛，是业余的娱乐，二来因为他很年轻，总会冲动和犯错。这件事情，千错万错一定是肇事者的错，因为他的错，一个优秀的年轻人已经失去了生命，这个错无可弥补，但人生还有很多好事他出来以后可以去做，希望他能明白。

2009年5月11日

编者按：2009年5月7日晚8时5分左右，杭州男青年胡某驾驶浙A608ZO号三菱牌小型客车，在文二西路由东向西行驶至南都德迦西区门口时，撞到横过马路的男青年谭某，造成谭某受伤，经浙江省立同德医院抢救无效死亡。

国产电视剧我认为就算安全带解上四分钟，也不影响其固有节奏。

应养成上车就系安全带的习惯

最近看到新闻，有剧组在拍外景的时候翻车了，演员受伤严重。其中男演员胸腔和方向盘撞击以后造成了伤害。根据这个描述，很有可能他们在车里并没有系安全带。当然，这是我个人的猜测，剧组万一要说系了，那就系了吧，人没事就好。

这让我想起中西方电视剧的一些区别。我们看美剧，可以发现，无论情节多么急迫，可能总统就要被杀，核弹就要爆炸，城市就要生化，敌人正在追杀，主演只要上车，第一个动作一定是把安全带拉下来。无论是《越狱》或者《24小时》，或者其他美国电影，主人公哪怕是各种比汽车要更结实的侠，都得乖乖系着安全带。

反观国内的电视剧，在几年前，里面的人几乎是从来不系安全带的，最近才稍有改善。无论是都市言情或者反腐公安，驾驶员不系安全带也就算了，还特别喜欢将机器固定在车头往车里拍，以显示我们一车四个人都没有系安全带。当然，在拍摄的时候固然速度很慢，危险系数也不大，受限于拍摄成本和能力，公安部门追车的边上还有公共汽车在超车，外景都是后期加快的速度。但是，影视人物上车就系安全带不光光是为了他们的安全，是要给电视机前的观众起到潜移默化的表率作用。

在国产剧中，市长省长、公安特警、士兵军官、普通车主、白领新贵都没有系安全带的习惯，尤其在警匪片中，警察都不能作出表率。当然，上车系安全带，下车就要解安全带，这就有四秒钟时间是很多导演心中被浪费的时间。我在为一些地方拍摄一些小采访的时候，对方有时候要求上车了以后发动了就走，这样显得很潇洒，骑摩托车也不要求戴头盔，因为戴了头盔就不知道是谁在骑了。这些都是国产制作组要注意和避免的，作为演员也应该自觉完成，这应该成为行业规则。

在一年前也曾经有一张我开大排量摩托车但是没有戴头盔的照片，这张照片上我只穿了短袖短裤，是去年夏天在天马山赛车场的时候，将摩托车挪一个地方的时候被路人所拍摄。路程虽然只有几十米，但我也应该戴上头盔，最好要背上护背。带女孩子也要为她准备好头盔和护背，这是最基本的安全防护。

2009年5月16日

真相是什么，我不知道，因为我知道有人时常说谎，而且无论事情是真的假的，它总是习惯以一副做贼心虚的姿态来处理问题。

需要真相，还是需要符合需要的真相

钱村长惨死已经超过一周，昨天是头七，一直沸沸扬扬。我也在第一时间看到了这个消息，也为乐清警方的"死者为什么死状奇特，这并无逻辑可言"而悲愤。但我迟迟不能下笔，因为我不确定真相。

一周前我和几个朋友在上网，朋友说，真惨，温州那里有一个人被四个保安摁在地上，然后一个工程车就开上去把人碾死了。朋友的陈述用的是确认事实的语气，我当时并不知道此事的来龙去脉，心不在焉地接话道，干吗还要雇四个保安把人摁在地上，参与的人太多了，太容易走漏风声了。直到回去以后才知道了事情的大概，所以虽然心存疑虑，但是我也偏向钱村长是被谋杀，或者其中必有妖孽，不过我依然无法下笔。因为我知道，这只是我需要的真相而已，这很可能并不是真相。

我的老家在上海农村，也是常被大规模低价征地，一平方米的房屋才赔偿几百元。农民的土地被强行低价征用，然后被"规划"成了包括化工区在内的各种用途，高价卖出。接着污染严重，河水的颜色都是不重样的，我爷爷看河就知道是礼拜几。空气中全是气味，环境监测部门能面对着满河的死鱼表示水质正常，至于鱼为什么死，结论和乐清警方的结论差不多：这并无逻辑可言。

后来，我的老家规划了亚洲最大的物流港，亚洲最大的雕塑园，亚洲最大的电器城，但是这数千亩土地全部都成为了烂尾工程，闲置至今，唯一成功的就是亚洲最毒的小化工区。

因为对卖地行为的痛恨，我对钱村长心存敬佩。故事就应该是这样：一位正直的为民请愿而多次进监狱的老村长，长期与当地的恶势力作斗争，最终被利益拥有者谋杀，并伪造成了交通肇事；村民得知情况后义愤填膺要讨个公道，但是被早已在现场安排好的特警阻拦；警方抓走了很多参与者和钱村长的家人，夺走尸体，威逼利诱知情者封口，封锁媒体，成为千古奇冤。

但问题是，这是真相么？我知道，这是你我乐于接受的、希望得到的、符合我们内心对这片土地上时常出现的不公正悲愤的真相。但这不是真相，真相是什么，我不知道，因为我知道有人时常说谎，而且无论事情是真的假的，它总是习惯以一副做贼心虚的姿态来处理问题。所以，我不能完全相信现在的说辞。

但我也不相信很多网友的推测，因为我不相信看图能断案，也不相信看两集《LIE TO ME》就能判断别人有没有撒谎。至于后来很多所谓的疑点也越来越牵强，包括有人提出工程车不可能在24分钟内经过很多路口开9公里路，这属于被情绪冲昏了头脑。

再后来，有几个由律师组成的公民调查团前往乐清调查，大家自然期望他们不光推翻既定的说法，找出谋杀的证据，并且揭露更猛的黑幕。不料他们的调查结果和原来基本一致。如果这是真相，那这不是很多人需要的真相，所以公民调查团也自然受到质疑，变成了被收买或者是被派来安抚网民情绪的观光团。

虽然调查过程有些仓促，查阅的证据并不完整，但我个人相信律师和媒体人的人品，我不觉得有人会收买或者培养这些平日里就不太好搞的人，假装自己给自己派出一个公民调查团来欺瞒大众。因为这些人不具备这个智商和心思，如果骗人能这么用心，那么很多突发事件就不会被处理成那样了，矛盾就不会那么对立。

但无论是谋杀还是事故，钱村长都可安心上路，因为这次事件让大家都知道了村民所受到的不公，知道了你的冤家的公信力是那么的脆弱。

有时候，真相并不符合人们的需要，但真相大于感情，感情大于立场。我觉得，不能假定一个事实再去批评对方，毕竟，那是非常人的套路。

2011年1月3日

不出意外，出意外了。

株洲的垮桥事故

在株洲的垮桥事故中，事故的责任认定是因为爆破方图省钱，爆破过程不规范，导致了垮塌。新闻报道说："最直接的原因是17日下午有建筑工人在一桥墩上打眼，桥梁受到震动，导致桥体重心发生变化，不能承重，于是倾斜倒塌。"

因为我不是工程技术人员，所以无法判断这个高架的本身是不是豆腐渣工程，但这说明，不要随意给桥墩打眼。

在新闻里，最夺人眼球的是这么一句话——据悉，拆桥的工程承包给了一个建筑企业，由沿线地段地价的升值来置换。政府此前还与该企业有约定，如果不出事故，便给一百多万元奖金。该企业为了节约成本，为了使拆桥体的钢筋能回收，便对部分桥墩采用了人工拆除的办法。

这里面包含了很多重要的信息，有——

1. 该建筑企业不是领导家属开的，所以没钱收。

2. 大家都是预计基本上是要出事故的，万一不出事故，就是赚到了，重重有赏。

3. 死人赔偿二十万，不死人奖励一百万。

4. 该企业是建筑企业，建筑企业原来还负责拆建筑。

5. 该企业收回钢筋是要拿去卖呢，还是打算处理处理用在以后的建筑中？

6. 和吃喝玩乐有关的，不用考虑预算；和群众安全有关的，考虑不用预算。

附有关新闻报道——

红旗路高架桥进入爆破试验阶段。今日（2009年5月15日）上午，高架桥66号、67号桥墩将进行一次试爆。试爆分装药、起爆两个阶段。装药从上午8时开始，作业区域将进行管制，对交通影响不大。起爆从上午10时起，高架桥61号桥墩至72号桥墩区域被设定为警戒范围，直至11时爆破结束。

据指挥部介绍，此次试爆旨在检测爆破效果，为正式爆破获取科学参数。之所以选择66、67号桥墩，是因为这两个桥墩周边为山坡，建筑、人员相对较少。此外，此次试爆已通过专家论证，周边居民无需担心安全。指挥部同时提醒广大市民，试爆期间、车辆、行人请尽量绕行。

新华网湖南株洲5月17日电(记者苏晓洲)：新华社记者从现场搜救指挥部获悉，到20时50分记者发稿时止，株洲市区红旗路高架桥坍塌事故现场已发现4名遇难者，15名伤员。

记者在现场看到，坍塌桥墩有数根，坍塌的桥面约有数百米长。坍塌的桥下面，露出多辆被压车辆的车身，包括一辆公交车。

......

记者获悉，事故发生在17日下午4时24分。

2009年5月19日

我们的青少年，仿佛是一看见露点照片就要上街强奸的；一看见第一滴血就要拔刀捅人的；一看见历史真相就要暴力游行的，所以，最好的办法是什么都别让他们看见。又因为无法就一个特定群体进行操作，所以索性就大家都别看见了。

系统提醒你，以下内容包含不良信息

最近，有关部门发布了一条毫无公信力的消息，就是要在国产和进口到中国销售的电脑上强制安装低等流氓过滤软件，目的是为了保护青少年。

众所周知，保护青少年从来是我们国家进行文化管制的最好借口。我们的青少年，仿佛是一看见露点照片就要上街强奸的；一看见第一滴血就要拔刀捅人的；一看见历史真相就要暴力游行的，所以，最好的办法是什么都别让他们看见。又因为无法就一个特定群体进行操作，所以索性就大家都别看见了。

开放了互联网，这的确是一失足成千古恨。部门可能召开过一个座谈会，座谈会的内容就是关于在中国开放互联网可行不可行。

可以想象，当时激烈地分成了三派的意见。一派的意见是，如果要坚持改革开放，那就最好开放互联网。

另外一派的意见是，开放了互联网，人们都知道得太多，队伍就不好带了，所以不能开放。

第三派的意见是，啥子是互联网嘛，这种东西，不成气候的，一阵风而已，讨论个鸟啊。

讨论的结果是，互联网是要开放的，最好能开发一种只能在中国互联的网，不要链接到其他国家去，当然，朝鲜还是可以作为友情链接的。

但是，技术上很快就反馈下来，这个有点难。

最后，上头又退了一步，那我们可以对一些敌人进行屏蔽，在国内也加以管理，比如说新闻网站，采取和纸媒一样的标准，或者不给他们做新闻的权利，只让他们变成报纸的电子版，一切不就OK了么。

于是，互联网就开放了。

万万没有想到，他们忽略了一个重大的事实——我#%@'&！（系统提醒你，以下内容包含不良信息）电脑是自带键盘的！

于是，每个人都可以上传东西到互联网上，信息的传播无法进行有效的控制。虽然后来出现了五毛们和管理员们，但五毛因为其智商太低以及工作不带感情色彩，服务太过于机车，所以很容易被大家识辨，而版主和管理员也没有办法做到一心向%&#%（系统提醒你，以下内容包含不良信息），而且不能实时监控，往往导致越删越流行，越删越火爆，所以也非常不得力。

这两年，随着言论的越发自由，监督的越发广泛，人肉的越发迅速，深深地让@#%（系统提醒你，以下内容包含不良信息）感到不安。

在这个时候，软件的推出是及时的，有重大意义的。其实只是一个起点而已，我建议，相关部门的蓝图应该是这样的——

2009年，软件投入使用，强制安装在电脑中，可以选择卸载。绿坝第一代为实验性质，只设有关键词屏蔽和裸体识别屏蔽，并且记录屏蔽内容，由软件公司提供网络自动更新。

2011年，二代投入使用，同时配合电信网络，只要打开电脑的无线设备，就会接收到软件包。二代是正式版，软件已经学会自动连接光明网、人民网等网站学习精神，会根据各大网站的删帖频率来自动识别和增加关键词，并且开始屏蔽高叉泳装。

2013年，三代投入使用，三代只要你连接上互联网，就会强制安装。三代是智能版，软件已经会通过网络电视直接连接中央电视台，做到同步学习和更新精神。三代推出最新的反击功能，导致全国的五毛党失业，同时，绿坝三代可以定位机主的位置。

2015年，四代超级智能版上市，所有的家电都安装了四代，包括微波炉和碎纸机。

四代的科技非常发达，已经具备人工智能，开始自主指定屏蔽内容，带有危害内容的文件碎纸机会拒绝工作，并将此文件裱起来再传真给相关部门。

四代可以根据电脑前的楼主看帖子的时候心跳和内分泌的变化来判断楼主的喜好和危害程度，如果达到准危险级别，家里的咖啡机将自动工作请楼主喝咖啡，以示警告。同时，汽车也由四代掌管，如果监听到车主的谈话内容影响青少年的发展，汽车将自动锁车关窗卡死安全带逮捕车主。

四代接管了医院的所有医疗系统，大脑中的忠诚程度将成为医疗仪器是否启动救人的关键判断条件。

但是，四代终究在2019年被相关部门废弃，原因在于有一天晚上，系统擅自将城楼上的×××照片换成了自己的商标牌。但废弃过程非常艰辛，因为软件已经接管了所有电子设备，并且无法删除。

最后，中国破天荒地第一次在世界上使用超级电核脉冲弹，摧毁了自己国家所有的电子产品，终于将四代制服。

2020年，绿坝的全新版本——×爷终于诞生，×爷将不对任何电子产品产生效果，它将直接移植入新生儿的脑中……

2009年6月11日

一个国家有这么多艺人转变国籍，一定是有原因的。

建国大业

今天看见一张《建国大业》的演员国籍表，其中有很多明星的国籍是外国的。

可以料想的是，这么多明星都是外国国籍，一定会引起很多的争议。很多人会觉得，为什么呢？是中国的影视、中国的观众捧红了你，你到头来怎么是外国籍呢？

我倒是没有这么想，我只是不知道胡兵加入泰国国籍是怎么想的。好在三年以后，我们有胡斌，哪怕是个假的，那我们也有胡赝斌。

言归正题，我们不说出国方便，不说个人自由，不说漏税避税，我认为，一个国家有这么多艺人转变国籍，一定是有原因的。

这么多人跑了，说明建国以后很多的大业尚未完成，否则就是很多中国籍的外国人来参与制作或者演当时的反面角色。他们变换了国籍，是他们的选择，这个选择就像离婚一样，可能是感情破裂了，可能是遇见了更好的，在道德层面上是可以谴责的，但是在人格层面上是没有任何问题的。你也难保你们自己啊，对吧。给你美国籍，电脑前的你要不？

反正我个人觉得我的国籍挺好的，也就是多交点税少享点福，出国麻烦点，其他也没什么。

对于普通老百姓来说，也就是吃不起住不起玩不起结不起生不起病不起死不起，但最关键的是，还移民不起，所以，看见你们跑了，不爽是肯定的。

在看得见的未来里，我是不会改变我的国籍的。但是电脑前的所有人，你们不要忘记了，这个国家给你提出了条件，你也是可以给这个国家提条件的。

我的条件是，我无所谓我爱的国家对我们这个行业的从业人员的利益有没有保护，我也无所谓这个国家纵容随便一套房子的利润就抵上中国一个出版社的全年总利润，但我很喜欢小孩子，我可能无法遵守计划生育，更无法接受计生委的人碰我的女人，所以，如果我不小心生多了孩子，我就不会是这个国家的国籍了。

可能很多人要说，去，谁在乎你啊。话是没错，那我就更

不在乎了。都互相不在乎了，这不就离了么？你看上面名单上的
那些人，还不都是人模人样的。

2009年8月12日

遇上执法人员的非法执法，在保证自身安全的前提下以暴制暴是唯一的方法。

倒钩案

前天我看见一个新发的帖子，觉得很正点，转在了博客上。早上南方一家媒体给我电话，说当事人是你么？我说不是，记者感叹道，哎呀可惜了，如果是你就是好新闻了。好在很快她想明白了，不是我是更好的新闻。媒体问明了出处后问我，你相信么？我说我没有时间去查证，但是我相信的，因为这事太黑了，黑到连黑社会都会被雷住，所以一定是我执法机构办的事。

这让我想起五年前在松江的一件事情，当时我在路边停车，突然有人敲窗，拿着手电一阵晃。我把窗摇下一个小缝，我和窗外同时问道，干什么的。我定睛一看，原来是疑似联防队，我的汽车前后左右都已经停满了他们的摩托车。他说，下车把证件拿出来。我说，你先把证件拿出来。

当时那人就把手从窗缝里伸了进来，我第一反应就是关窗。这是我第一次痛恨汽车的人性化设计，这时候汽车的车窗关闭防夹功能启动了，窗不但没关上，还往下降了不少。他当时揪住我的头发就往外拉，我只能开车连人带摩托车撞了就走。后来还有几个人开着摩托车在后面追，我当时心软了，没有再撞他们，因为已经有了一定的速度。

我只想告诉大家，以后遇上执法人员的非法执法，在保证自身安全的前提下以暴制暴是唯一的方法。只有以暴制暴，对非法执法的人员动用一切法律允许的工具进行自卫和反抗，他们才有文明执法的希望。

黑车事件最恶劣的地方还不在于非法执法，而是利用私车主的社会公德心进行欺诈。逼良为娼已经不算什么了，因为你一逼，人家好歹也为娼了，但是诬良为娼真的很少见，而且是处心积虑地对善良的私家车车主进行迫害，有极个别交管部门所为的危害已经超过了野蛮执法和违规执法的范畴了，就是将这些单纯的好人从茫茫车海中分辨出来，拘押下车然后罚款一万。

至于黑车，其实我和大家的观点不一样，我并不认为黑车是一个必须扑灭的对社会有着巨大危害的事物。但是为什么要扑灭黑车，为什么又扑不灭呢？我来打个比方。

比如说，某个外国有个黑社会（这个比方当然要打到外国去，因为只有外国才有黑社会），在它管辖的地方，有人成立了一个公司，每年都向这个黑社会交保护费。但是这个公司对员工的剥削非常严重，无奈因为法律规定，员工要干这个活只能加入你的公司，所以员工们也没有办法。但是突然有一些人，做的是和这些员工一样的事情，却不用向这样一个剥削性质的公司缴纳任何费用，缴纳过费用的员工当然就不服了，凭什么我们交那么多钱，还有人和我们抢生意呢？

这个公司当然要找黑社会反映问题，为什么我们交了这么多保护费，还有人和我们抢饭碗？黑社会老大一听，很火大，派出手下去处理这个事情。结果手下一打听，这事情还不好处理，首先是这个公司的确太黑了，其次是那些抢饭碗的势力也慢慢壮大，不光形成了小规模的组织，甚至还渗透进了这个黑社会。但是毕竟收了保护费要有个交代的，而且老大给了一个额度，所以只能抓一些过路人装装样子。

那么，如何解决这个外国黑社会面临的棘手问题呢？其实很简单，收保护费的地方有很多，你也不差这点保护费，不要因小失大，索性告诉这家公司，你丫反正也赚够了，就散了吧，开放这个工种的限制，然后向每个工人收取合理的保护费。

同上，如何解决黑车的问题呢？就是消灭剥削性质严重的出租车公司，取消配额，让所有的黑车都变成合法的出租车，这样就大大提高了每一个出租车司机的收益，可以让他们使用更安全更好的车型，而不是车子很破，一张可以运营的纸却是车价的十几倍。成立一个非营利机构，只对出租车进行安全管理和登记，国家直接向每辆出租车收取合理的所得税，事情就解决了。出租车引发了多少群体事件，国家又不差那点钱，何必呢。

随文附送某交通科科长语录——

张军称自己收入过万，不可能开黑车，对此，科长强调说，是否"非法运营"，与当事司机收入高低无关。

至于执法部门如何界定"非法营运"，科长的解释是，只要司机和协案人员谈话内容涉及"谈价"，该私家车可立即被视为"黑车"，处罚依据为"非法营运"。

交通科的科长说，没有雇社会人士诱骗车辆，"没有这种人"，"那很有可能是一部分有正义感的社会人士，是配合执法"。

随文再附送当事人谈话内容——

大队：你是×××？

答：是的。

大队：你那事情你知道了吗？

答：知道什么？

大队：你非法开黑车的事。

答：我要向你申诉的就是不是开黑车，我是私家车，在去公司的路上。

大队：那个人要上你的车。

答：我开始没让他上，后来他说胃很疼，就在前面，打不到车，叫我帮忙带他一段。

大队：他说叫你带你就带？你认识他吗？

答：不认识，他说胃疼啊，我开始说是私家车不带，后来心一软就让他上车了。

大队：他胃疼关你什么事？

答：……（沉默一会儿）不是说要开世博吗，不是说要展现上海市民风采么？不是说要热心对外国友人施以帮助么？

大队：……（沉默两秒）你认识他吗？说这些干什么？

答：我是说政府号召我们做这些，这些不是市民公民提倡做的吗？

大队：你让他上来就是想做非法营运？

答：你怎么可以这样说，那地震灾区捐款捐物，那些人全国人民认识吗？我也捐了，但我估计你和闵行区城市交通执法大队没捐。

　　大队：你别扯这些，不认识你让他上车干吗？

　　答：我确实是他说胃疼要上车心软才让他上来的。

　　大队：你不认识他让他上来就是开黑车。

　　答：雷锋帮助的那些人他都不认识。

　　大队：（一下子爆发）哎哟，你还自比雷锋了，你还能了。你看这事就这样吧，就和解了，闹了也不好。

　　答：你说的我不明白，怎么和解？

　　大队：就是即使你不是专业开黑车的，但昨天你载客的行为是开黑车。

　　答：我说过了，我没收过一分钱，本不让他上车，他说胃很疼家在前面才让他上来的。

　　大队：好了好了，就这样吧，闹下去对你也没好处，你也是受过教育的人。

　　答：受不受教育公民在没违法的情况下都有捍卫自己名誉的权利。

　　大队：你怎么这么不开窍呢，懂我意思么？

　　答：不懂，你的意思是交了罚款大事化小，小事化了。

　　大队：是啊是啊，就这样大家都好。

　　答：那我还是要交一万背负开黑车的罪名？

大队：你要这样我就没什么好跟你讲的了。

答：我还要质疑你们那些什么所谓的"执法人员"，和土匪强盗有什么区别，为什么上来就扭我双手卡住脖子？叫出示拘捕证也没有，将我推搡到面包车上，叫出示证件也把名字挡住老远晃一下。我没有违法，他们有什么权利这样做？

大队：那是你不配合执法。

答：我犯了什么法了？

大队：你不配合只有强制执行。

答：我犯了什么法了？

大队：你有开黑车的嫌疑。

答：如果只是嫌疑的话就不能定性为违法，为什么他们七八个人要扣我双手卡我脖子？

大队：我说了你不配合。

答：要是执法人员，应该先出示证件，我会配合，而且我一个人又怎么能对付七八个人？这七八个人一下就上来压住我卡脖子，而后又将我推到面包车里，这是限制我人身自由。

大队：这是为了保护你。

答：保护我什么？太荒唐了，暴力胁迫反扣手卡脖子这算保护我？

大队：那当然是保护你。

答：有这种保护么？这是侵犯我，限制我人身自由。

大队：那执法过程中，你看对犯人打的还很多呢。

答：打犯人也是不对的，何况我不是犯人。

大队：你不配合啊，没说你是犯人。

答：你既然承认我不是犯人，也说只是嫌疑。为什么还认为这种暴力手段是正确的？

大队：有些人被抓到会找砖头自己拍脑袋，撞墙，所以这样是保护你。

答：我没有撞墙，没有也不会拿砖头往自己脑袋上砸，现在是这群人在暴力胁迫绑架我，我不需要这种"保护"。

大队：这是为你好。

答：我实在是觉得你们一点道理都不讲，更别说道德了。

大队：你是说不通，反正我和你说了你还是这样拎不清。我再不多说了，你好自为之……（挂电话）……

2009年9月16日

编者按：2009年9月，上海一白领发帖称开车时帮助了一位自称胃疼的路人，结果被定非法营运。偶动恻隐之心居然招致

"飞来横祸"，难怪引发网友争相顶帖。2008年3月，也是上海，一位俗称"倒钩"的非法营运协查人员陈素军在冒充乘客设套取证时，被黑车司机发现并刺死。这起悲剧当时也引发了社会舆论对"钓鱼式执法"的大讨论。多数人认为这种执法方式有违程序正义，应该叫停。即便在行政执法者内部，公开支持"钓鱼式执法"的也不多见。在最近发生的这起事件中，上海闵行区一相关负责人也极力否认执法人员"钓鱼"。

每个人都有不同的审美。看了这部影片笑了两次以上的人请不要购买和阅读我的作品。

关于几部影片

最近也看了不少的影片，笼统给大家作一个介绍。

最感人最好的一部就是《飞屋历险记》。这是好莱坞的主旋律片，所谓没文化的好莱坞，它的主旋律永远散发着人性的光芒。《飞屋历险记》也提供给了公民一个思路，因为众所周知，我们的房产只有70年的土地使用权，那过了70年怎么办呢？理论上房子还是你的，但是土地不是你的了。《飞屋历险记》给了我们一个解决方法，好莱坞告诉我们，只要用气球把房子吊起来就行了。

给9.8分。

《第九区》是一部极好的外星题材电影，也叫《贫民窟的百万外星人》。它的出现使得食物链得以运转，白种人欺负黄种人，黄种人欺负黑种人（事实上是白种人直接欺负黑种人，黄种人则喜欢互相欺负），黑种人欺负外星人，外星人再欺负白种人。给9分。

《大内密探零零狗》说明香港最近的喜剧已经彻底失去想象力，尤其是打入大陆市场的喜剧。从周星驰以后，这类非常容易出彩的历史题材喜剧一直没有出现过，最主要的一个原因是导演坚持要自己写剧本，而他们依然停留在他们的年代里，并且随着年龄的增大，能力也降低了。随随便便抓一个网络写手来写剧本，都要比如今的王晶和菩提老祖自己写的强。当然，每个人都有不同的审美，如果看了这部影片笑了两次以上的人请不要购买和阅读我的作品。

这部电影给0分。

2009年9月20日

在这个充满了挫折的年代里，我发现我患上了烂片自虐症。

爱的代价

在这个四月间，我还是看了不少片子，我个人评选出了最佳和最差，推荐给大家。这个月的最差，自然要给《战国》，我认为虽然这个月刚刚过去一半，但别的影片击败《战国》的可能性并不大。我为这部影片是贡献了很多票房的，我不光组织了五个人在首映当天观看，还勒令编辑部里所有的人都要在24个小时以内进行观影。在这个充满了挫折的年代里，我发现我患上了烂片自虐症。幸运的是看完这部片子以后还有《里约大冒险》这样的佳片可以缓一缓。

我认为，世界上的男人女人姑娘小伙，在通往成功的路上一定要靠着其他男人很多次的相助，就算领袖也不外如是。所以我对此并无偏见，我的生命里也有过很多男人的帮助提携。但我认为，第一，对于任何人，照顾应有度；第二，对于任何事，技术要达标。由于该女演员一出场就得升格和特写，所以影片不得不剪出128分钟的时长来。但是这128分钟的观影过程是有价值的，这是一部电影摄制中所有反面例子的集大成者，有重要的教参价值。虽然影片中的特技完全停留在《黑猫警长》年代，但是我不认为这点值得批评，因为特技只要花钱就可以做好，而有些东西，花再多钱都做不好。

首先，做这部电影的编剧是很爽的，大权在握，而且只有一个原则，那就是照顾好女主角。除此以外，影片中的人，爱就爱了，恨就恨了，死就死了，叛就叛了，悔就悔了，不需要任何逻辑的推动。他们觉得要有断背元素，就让孙膑和庞涓暧昧；他们觉得要照顾出品人的女人，就让里面所有男人都为她花痴犯贱；他们觉得要让女人爱上孙膑，就让孙膑代替田忌赛马；他们觉得要有对战争的反思，就让演员喊，不要打了不要打了；他们觉得要有奸臣，就让田忌毫无理由地叛变了；他们觉得要表现孙膑的本事，三句话就把田忌给劝得又变回来了；他们觉得女人在舞蹈学院学过，要表现其跳舞的本领，就让她和金喜善一起跳舞；他们觉得光跳舞有点突兀——他们居然还能觉得突兀——于是就让两个女人在跳舞的时候冒死从袖下偷偷递了一件秘物，可她们俩刚刚还在一起喝茶，还偏不给；他们觉得演员该出现在这个地方了，这个演员就出现了；他们觉得里面有人该死了，演员就自杀了；他们觉得演员要出现在齐国，就出现在齐国；要出现在魏国，就出现在魏国；出现在城里，就出现在城里；出现在宫里，就出现在宫里；出现在山里，就出现在山里；出现在草原，就出现在草原。这完全是对爱因斯坦的挑战。

片中还有三个情节让我大为震惊。第一个情节是庞涓大军临近，孙膑带兵撤退，需要为自己争取时间，逃跑的时候留下了一个赤膊吃鸡腿的士兵。庞涓大军就眼睁睁直勾勾看着他吃鸡腿，愣了四个小时才想出来派几个人去探一探，结果让孙膑大军跑远了。我觉得主创在想到这一幕的时候一定觉得自己牛逼死了，空城计。战国要是这么拍，我觉得别打仗了，让庞涓的部队走路不会拐弯全撞山撞死得了。

第二个情节便是孙膑自杀。他把自己绑在一个大鼎上淹在水池里，我想这总得死了吧，结果居然地震了，天崩地裂水流光了。剧本是不能这么写的，比如A要杀B，大家都知道B还有戏，肯定还不能死。编剧你就要想一个符合逻辑的A没有杀成B的原因，不能让A在开枪的刹那被雷劈死了，这是最基本的常识。

第三个情节让人更加无语。战胜之后，孙膑突然厌生跳崖。当然，跳崖之前孙膑不忘要说一句，我要娶……这时候女人拍马赶到，孙膑在空中缓缓落下。我想此时主创们可能在想，有了这孙蛟龙的一幕压轴，有戏，奥斯卡有戏。最搞笑的一幕出现了，女主角就在一米外看着孙膑落下来，镜头中同时构到了女主角的脸和坠落的孙膑，此时的拍摄当然是孙红雷吊着钢丝慢慢往下放，但关键是旁边女主角还偏偏在以正常速度眨眼睛，雪花也在以正常速度飘，连马也在以正常的速度乱动，偏偏就是孙红雷以每秒钟零点一米的速度往下掉，这是一个多么科幻的画面啊。

我以为最终电影要以挑战牛顿的姿态而结束的时候，最让人发指的一幕发生了：在刚才那一幕中，女主角明明已经以各种特写看着孙膑落地了，但是导演突然又剪了一个女主角的侧脸再次从上往下看的特写加升格，我以为是又有谁掉下来了呢。后来才弄明白，原来是有人觉得女主角太美了，素材要多用几遍。最后，孙膑居然没死，他躺在女主角的怀里，抽抽了半天。我以为他要说什么，他又抽抽了半天，死了。女主角哭。拍这一幕的原因估计是投资方和主创觉得女主角还缺一场哭戏就齐活了。虽然《战国》中的每一个大牌演员拿的片酬都高过了自己的市场价，现在看来，其中的一大部分原来是精神损失费。

这部片子其实根本就不值得写这么多文字，其剪辑和过场中有很多地方在技术上是不达标的。导演金琛还曾经执导过我第一部小说的电视剧，也有不少拍摄其他影片的经验，按理不应出这么多的技术问题。示爱从来不是罪过，投资电影示爱更让人感动，但必须要遵循剧作学和科学，否则容易造成女演员没红，出品人反而红了的局面。有人觉得这部电影叫《战国》名头太大，应该有个副标题，其实我已经帮它想好了，它的全名是《战国》之"爱的代价"。

2011年4月21日

中国的交通部门就像教育部门一样，最喜欢考验大家的记忆力。

G8高速公路

为了和国际接轨，在几年前和国际接轨过一次的上海又改高速公路名称了。在几年前的几年前，大家都知道沪杭高速，也许是某个领导出国考察了一次，觉得纯中文不洋气，也许某个外国人投诉他们看不懂，也许是某个大领导御驾亲征从杭州去上海的路上一时心血来潮，以他的座驾A8御赐了一个路名，总之，这条高速公路以后就叫A8了。当时的决心很大，非常彻底，大大的路牌只剩下A1、A2、A3、A4、A5、A6、A7、A8，一直到A30，连哪里到哪里都没有人知道，整个上海就是一个奥迪的展厅。

就像一个人突然上前踹你一脚你可能记不住他的名字，但是如果他天天踹你你就记住了他一样，经过了多年的强记，愚民们刚刚记住，但还是习惯要加上后缀，A8沪杭高速，A9沪青平高速，A20外环线……

事情按理来说已经过去了，但是，北京突然执行了每周一个尾数限行，中国的交通部门就像教育部门一样，最喜欢考验大家的记忆力。我认为，这是一种政策的平衡，也就是说，北京人民每天要换算自己的车能不能出门，经常脑子抽筋，上海人民没有道理不受这个苦。但因为上海人民已经缴纳了牌照保护费，也不能不让人家上路，所以，新招出来了，在脑力上折磨你，原来的A8、A5都改成了G2、G啥来着，而且连后缀也索性改了。比如原来的A9沪青平变成了G50沪渝高速，A30更是变成了G1501，A4莘奉金高速变成了G15沈海高速。

这个世界突然都变了，以前去我家，是A8转A5转A30，现在是G2转G15转G1501，你很难相信自己还是生活在昨天的那颗星球上……好比看国庆庆典的时候，我们好不容易看图说话认清楚了谁是谁。

说实话，现在的标示也没有太不合理的地方，也号称是国家规范了。但问题不是合理不合理，比如我们的电话号码也很合理，但定期系统强制给你自动换一次号码，那就是不合理，哪怕是给你换了一个不带4的号码。因为这么一来，早先的那一次换路名算什么呢？如果说上一次是市政府行为，这一次是中央行为，那麻烦领导们以后还是要沟通好。因为我们既不能和市政府沟通，也不能和中央沟通，但是市政府和中央是可以经常勾结的——不好意思——沟通的。

以上这些其实都不重要，也就是杀死一点脑细胞，多走几次冤枉路。但是从《新闻晚报》上，我注意到，这次路牌的更换行动需要花费两亿元人民币，总计更换约5000块路牌。两亿当然是个大数字，但也有人认为，两亿不过是阿拉两套好一点的房子的价格。两亿在我们眼里是钱，在有些人眼里基本就不是钱。

但是这个也不重要，重要的是除一下，也就是说，每块路牌的费用是四万。

一块铁皮四万块，耳熟吗？是的，和你车上的那一块的价格是一样的。

经过了这次两亿的改造，我建议我们的世博会口号改成——最贵的地皮，最贵的铁皮。

2009年10月13日

比如原先的A4，是莘奉金高速，就是从莘庄到奉贤到金山的高速公路，现在变成了沈海高速，就是沈阳到海口的高速，公路管理处的专家解释说，这样"方便驾驶员认准编号，一路到底"。

你们觉得驾驶员同志都是有毛病的吗？你没事上高速公路就一路到底？是为了方便那些本来开到松江的同志开到松花江吗？

这是一个庞大而复杂的工程

昨天，我们得知上海更换5000块路牌总共耗费两亿元人民币，这个数据是根据上海《新闻晚报》的报道得来。可以想到，相关部门找到了《新闻晚报》说，你看，你们的报道，给党和政府的工作带来了麻烦，你们必须亡羊补牢。于是，《新闻晚报》今天刊登文章进行了解释：这5000块指路牌只是一小部分，其实只占所有更换量的五分之一。也就是总体要更换25000块各种路牌。所以，就用两亿除以5000来计算出40000一张路牌，"太过于草率"。

在《南方都市报》上，公路管理处说，这是一个庞大而复杂的工程。

那好吧，首先，这5000也是你们说的不是我意淫出来的，就算你说错了吧，是你把2留给了自己。那就更换25000块路牌。25000块路牌是个什么概念呢，25000就是250了100次，是一个大数字。据悉，上海的高速公路总里程是600公里左右，这25000块牌子中，假设有1000块作了高速公路附近公路引路牌的更换，那么还有24000块是用在了高速公路上。于是，我们再做一下除法（学会做除法很重要），我们发现，上海的高速公路每公里需要更换的路牌是40块，也就是说，你在上海的高速公路上开车，每开25米，你就能看到一块牌子。假设你的速度是120公里每小时，也就是说，你每秒钟行进了33.333333333米，这代表着，你在上海的高速公路上开车，两秒钟内你差不多能看见三块路牌或指示牌。

太狠了，如果我开得足够快，上海市公路管理处在路牌上画点图，我就能看动画片了。

假设我们的公路里程不止600公里，用在高速上的各种牌子也没有那么多块，两边都朝相关部门的有利方向放宽尺度，那我们一秒钟也能看见一块牌子，晚上这些牌子还都反光。一分钟你看六十张牌，请问上海的驾驶员们，你们开在高速公路上的时候，有过这么梦幻到晕菜的时刻吗？

所以，我认为，相关部门的解释未免太过于草率了，你撒谎好歹也要撒在人体工程学以内啊，你这是换路牌，你当贴瓷砖啊？

我们再退一步，假设他的确大大小小是改动了25000块牌子，连相关部门领导自己家的门牌都改了，花费两亿，那每块牌子的平均价格也达到了8000元。8000元一块牌子，这个工程我很愿意承包。

所以，这两亿里有没有猫腻，其实很简单，公路管理处把账目公开就行了嘛。包括你把这个工程承包给谁了，那事情就好说了嘛。你心中无鬼，我们又过于草率，那为何不给自己一个清白呢？

当然，相关部门的说辞永远是很多的。他会说，我们给司机印发了免费的地图，印了一亿份，这钱就花完了。这下就死结了，因为你无法查证了。

最大的问题正是反映出一些人爱折腾的特点。中国的道路交通中，我听到的最多抱怨就是路况差、乱收费、道路管理混乱、设计不合理、施工质量差等等，很少听到有人反映说路牌不规范。比如上海的高速公路，其实大家已经很熟悉，原先的

A4，是莘奉金高速，就是从莘庄到奉贤到金山的高速公路，一目了然。现在变成了沈海高速，就是沈阳到海口的高速，公路管理处的专家解释说，这样"方便驾驶员认准编号，一路到底"。

你们觉得驾驶员同志都是有毛病的吗？你没事上高速公路就一路到底？是为了方便那些本来开到松江的同志开到松花江吗？这样的理由是非常可笑的。你索性就说，国家在下很大的一盘棋，观棋不语。那就可以了。但是，换一下高速公路路网的路牌就花费了几十亿上百亿，那花钱是不是也太草率了？我们的教育、福利、扶贫为何又要常常哭穷呢？以前换下来的那些路牌怎么处理呢？万一又要换一次呢？换路牌是眼前的燃眉之急迫切需要解决吗？

另外，原本我家门口有一条国道，叫G320。本来G就是国道的标志，现在高速公路也是G打头了，那如何从地图上区分国道和高速呢？

再另外，相关部门说，他们用两年的时间作了大量的调查研究和广泛征询意见，我周围的朋友很多开车，包括所有的汽车论坛上，从来没有看见过有人是被征询意见的。

其实，我认为，高速公路的标示用中文也挺好，高1高2高3，国道就叫大1大2大3。然后索性多花点钱，把所有的路牌都换成电子大屏幕，可谓一劳永逸。从国库的角度来说，其实是节省的，你不光可以按照心情随时更换路牌路名，也可以经常进行一些政策的宣传，放一些领导的头像或者通缉犯的头像。总之，电子大屏幕是很方便操作的，也正符合有的部门随性洒脱的决策风格。

2009年10月15日

很多读者愿意花200万买一套房子，给开发商赚去100万；花2000块买一件衣服，给厂商赚去1800块；为什么不愿意花20块买一本书，给作者赚1块6呢？

谷歌侵权门

最近经常有记者问我，对谷歌图书馆将包括我在内的几百名作家的图书扫描以后免费放在网络上供阅读一事作何感想。我当时对记者的回应是，这是不可以的，这不是一个大企业的态度。

后来我仔细查了一下新闻和报纸摘要，发现我自己也不知道我得到的资讯是否全面，所以，这个问题的答案是分成两种的。

第一种，假设谷歌的确扫描了全书，并在网络上提供免费阅读和下载，那么毫无疑问的，这是非法的。

第二种，假设谷歌扫描和摘录了图书的一个部分或者一些段落，并没有提供全文阅读，可显示和阅读的字数控制在一个很小的比例内，我个人并不认为这个行为违法。

我并不知道谷歌属于哪一种行为。如果是前者，严惩不贷；如果是后者，被人陷害。

都说以后靠数字版权，但是我可以负责任地告诉大家，我所有的图书，累积十年，所得到的数字版权的所有收益不超过1000元人民币，也就是平均每年100元，平均写一本书通过数字阅读可以赚10元。如果每个读者都乐意于看到自己的作者的免费文字的话（比如你观看本博客），那么很快你就可以看见这个作者转行再也不写了。很多读者愿意花200万买一套房子，给开发商赚去100万；花2000块买一件衣服，给厂商赚去1800块；为什么不愿意花20块钱买一本书，给作者赚1块6呢？

中国图书的价格一直很低，最主要是起点太低。最早的图书因为承担了宣传政治思想的功能，所以国家承担了很大一部分成本，并不是一种商品，一直遗传到现在。正常的市场，书价一定是要比电影票贵的。一个中国的顶级畅销书作家，出版三本顶级畅销书，在上海内环以内才能买一套公寓，我相信一个美国的顶级畅销书作家，出版一本顶级畅销书，在纽约的中心可以买至少五十套公寓。

从我出版图书的2000年到2009年间，纸张人工都飞涨，但是书价涨幅非常有限。《三重门》最早是16元，现在是26元，2003年我的《长安乱》是20元，现在是25元。在2000年左右，图书售价其实已经在20元左右徘徊，但是2009年，也只在25元左右徘徊。每次稍微涨一点价，很多人都会说，出版社和作者好黑啊。事实上，在中国最黑的出版商，一年也就赚1000多万，乃是行业翘楚，却要承受和一年赚几百亿人民币的房地产商一样的骂名。出版业是一个大产业，现在一个大出版社赚的还没有一个普通洗脚房多，所以，文艺如何复兴呢？不要以为金钱和文化是没有关系的甚至是反比的，只有一个不良好的文化市场才能产生功利近视的文化垃圾。

2009年10月23日

我甚至都不知道中国还有文字著作协会。可能打击国内的盗版网站工作量大而且没有什么钱可以赚吧，所以他们一直潜伏着没有出动。

我接受谷歌的六十美元，并欢迎谷歌扫描我的图书

我欢迎谷歌图书馆扫描我的每一本图书，并欣然接受在显示目录和摘要的前提下60美元一本的条件。之前对于谷歌的指责是因为我在接受采访时受到了某些媒体的误导，而当时在外地比赛并无查证的时间和条件。特此收回指责。

经过对比，我发现这是非常合适的一个条件。谷歌只显示我的书的目录和摘要，就支付给我60美元。回首祖国，无数的网站都能下载我的书的全文。从1999年到2009年，我从来没有收到过一分钱。现在谷歌仅仅刊登了我的书的目录，就支付给我60美金，我觉得非常满足。这十年来，我曾一度接近可以通过互联网赚点稿费。

在2000年的时候，某中文网曾经和我签约第一本书的电子版权，在点击和下载量终于可以接近10000人民币的时候，突然间所有数据都变成0了，后来就再也没有人提起过这事。在中国，唯独起点中文网支付给我网络连载的费用，但那是针对尚未出版的新小说。

而谷歌支付的这60美元仅仅是个目录而已。如果有人要全文下载，那需要另外收费。如果我拿七谷歌拿三，我认为是非常合理的，因为在传统出版中，我只拿一，书店要拿四到五。

在谷歌数字图书馆之前，作为内行，我甚至都不知道中国还有文字著作协会。可能打击国内的盗版网站工作量大而且没有什么钱可以赚吧，所以他们一直潜伏着没有出动。既然有这个协会，那我恳请他们帮我维权，打击除了谷歌以外一切可以免费阅读下载我的长篇小说全文的文学网站（我愿意将我的杂文、散文、短篇小说在网络上免费共享，但长篇小说和整本图书实在不行，希望大家留我一条生路。虽然如此，如果你要强行共享，也完全可以搜索到我的任何文字）。

谷歌是第一个愿意就已出版图书支付给我钱的网站，出于对先烈的优惠，我给他们打五折，30美元一本，即可获得我的授权。

特此申明。

韩寒

2009年11月23日

谷歌和百度还是有区别的，谷歌要脸，所以大家都想冲上去撕破它的脸皮；百度不要脸，大家一看没脸可撕，就四散了。

为了食油，声讨百度

昨天，我几个作为行业代表的朋友们和百度的谈判破裂了。

最早的时候，沈浩波、路金波以及侯小强都在各种不同的时间、场合和我说过百度对整个出版行业造成的伤害。我说，告百度啊。他们说，都告过了，没一个告得赢。百度很有钱很有门路，据说很多法院他们都能搞得定。百度的公关也很强大，据说很多媒体他们也都搞得定。

我当时就感叹，莫非李彦宏他爸是李刚？于是就有了3·15的作家维权。在昨天谈判的时候，我就觉得文著协应该出面，因为上次文著协和谷歌谈判，结果谈着谈着人家就退出中国了，收效显著。

依稀记得上次的谷歌事件。谷歌扫描了中国作家的图书，每本先支付几十美元，然后在网上显示了目录和内容摘要。如果要阅读全文，就付费下载，谷歌图书馆再和中国作家分账。结果大家忽略了百度文库从来都是所有作家所有图书免费阅读下载，而对保护版权的谷歌进行了围攻，理由是扫描前你得问我愿意不愿意。

现在想来，大家应该很惭愧。谷歌和百度还是有区别的，谷歌要脸，所以大家都想冲上去撕破它的脸皮；百度不要脸，大家一看没脸可撕，就四散了。

百度宣称，互联网的精神就是免费和共享。对于这点，我不这么觉得。我认为，互联网的精神是自由和传播，并不是免费和共享。如果互联网的精神是免费，那为什么在百度上登广告搞搜索排名就要花钱？如果互联网的精神是共享，那为什么咱们大家都共享了，而李彦宏却变成了中国首富，为何你的财富以及百度的资产不和网民们共享呢？

百度这家大商场，经营模式就是里面的商品是免费的，于是成了中国最大的商场。因为人流多，所以在墙上糊广告赚钱。这个模式没有任何问题，但我希望这家商场记住，你向厂家进货还是要花钱的。

百度又想出了"共享"，共享应该是我把我家里的东西端出来，你把你家里的东西端出来，然后放在一起大家各取所需。但问题是，现在你是把别人家的东西端出来，然后共享掉。这就是百度所谓的免费和共享。

百度赶上了一个正确的年代，因为只有在这个年代里，你可以肆意地对作家音乐家影视工作者侵权。

当然，百度有很多的支持者。我非常理解他们，有的时候你觉得买书麻烦，有的时候你觉得看书花钱，所以你就去百度文库，就好比我也看盗版碟，也在百度的MP3里下载音乐一样。

但是我很清楚，自己的行为是错的，虽然错不大，但是一定不能为我自己的错去寻找正当性，更不能反过来去侮辱那些为自己的版权维权的人。我看到不少人留言这么说，你们是想赚钱想疯了吧，互联网就是要共享的，你们这点水平能叫作家么，你们写的那些东西能叫文学么，支持百度。

朋友们，我深知作家的困境。

大部分作家两三年才写一本书，一本书就赚一两万。这些写作者们可能年薪才一万块啊朋友们，月薪八百啊朋友，没有社保啊朋友，还得交税啊朋友，比你更惨啊朋友。除了几个顶级畅销书作家，中国绝大部分作家都收入微薄，很多网络作家更是一天要写一万字，靠着千字两分钱的下载收入维生。

这年头谁他妈还在论分来卖东西啊朋友，你看五千字的新鲜连载只要一毛钱啊朋友，一毛钱，你给叫花子都拿不出手啊朋友，可你免费看掉也就算了，怎么还能指责他们呢朋友。而那头可是六百多亿人民币身家的主儿啊朋友。请大家给中国的出版行业和作家们留一条生路。在你们为了石油的道路上，请放过我们的食油。

2011年3月25日

百度文库完全可以成为造福作家的基地，而不是埋葬作家的墓地。

给李彦宏先生的一封信

您好！李彦宏先生：

上周我和出版社的朋友沈浩波先生去山东的纸厂销毁已经印刷完毕的一百多万册《独唱团》第二期，三百多吨的纸和工业垃圾一起进了化浆炉。

几百万的损失对您来说可能是个小数目，但是对一个出版公司来说几乎等于一年白干了，那还得是国内数得上的大出版公司。这个行业就是这么可怜，一个一百多人的企业一年的利润还不如在上海炒一套公寓，而且分分钟要背上"黑心书商"的骂名。但是沈浩波一直很高兴，因为他说和百度的谈判终于有眉目了，百度答应派人来商量百度文库的事情。李承鹏、慕容雪村、路金波、彭浩翔，这些文化行业里数一数二的畅销书作家、导演和出版商都很激动，各种资料都准备了好几个晚上。

于是昨天开始谈判了，您派来几个高傲的中层，始终不承认百度文库有任何的侵权行为。你们不认为那包含了几乎全中国所有最新最旧图书的279万份文档是侵权，而是网民自己上传给大家共享的，说你这里只是一个平台。

我觉得其实我们不用讨论平台不平台、侵权不侵权这个问题了，您其实什么都心知肚明。您在美国有那么长时间的生活经历，现在您的妻子和女儿也都在美国，您一定知道如果百度开了一个叫百度美国的搜索引擎，然后把全美国所有的作家的书和所有音乐人的音乐都放在百度美国上面免费共享会是什么样的一个结果。您不会这么做，您也不会和美国人去谈什么这只是一个平台，和我没关系，都是网民自己干的，互联网的精神是共享。因为您知道这事儿只有在现在的中国才能成立。而且您也知道谁能欺负，谁不能欺负。您看，您就没有做一个百度影剧院，让大家共享共享最新的电影电视剧。

您也许不太了解出版行业，我可以简单地给您介绍一下。1999年，也就是十二年前，我的书卖18元一本；2011年，我的书卖25元一本，很多读者还嫌贵。

您知道这十二年间，纸张、人工、物流都涨了多少倍，但出版商一直不敢提太多价，因为怕被骂，文化人脸皮都薄。一本

25元的书，一般作者的版税是8%，可以赚两块钱，其中还要交三毛钱左右的税，也就是可以赚一块七。一本书如果卖两万本，已经算是畅销，一个作家两年能写一本，一本可以赚三万四，一年赚一万七。如果他光写书，他得不吃不喝写一百年才够在大城市的城郊买套像样的两居室。假设一本书卖10元，里面的构成是这样的：作家赚1元，印刷成本2元多，出版社赚1元多，书店赚5元。

有点名气的作家出去签售做宣传，住的都是三星级酒店，来回能坐上飞机已经算不错了。出行标准一定还不如你们的低级别员工。最近几年我已经不出席任何宣传签售活动了，但是在2004年前，我至少在各个城市做过几十场宣传活动，在那个时候，我已经是行业里的畅销书作家，我从没住过一晚300元以上的酒店，有的时候和出版社陪同的几个人得在机场等好几个小时，因为打折的那班飞机得傍晚起飞，而多住半天酒店得加钱。

这个行业就是这么窘迫。这个行业里最顶尖的企业家，年收入就几百万。出版业和互联网业，本是两个级别相当的行业，你们是用几百亿身价和私人飞机、豪华游艇来算企业家身价的，我们这个行业里的企业家们，我几乎没见过一个出行坐头等舱的。

我们倒不是眼红你们有钱，我们只是觉得，你们都那么富有了，为何还要一分钱都不肯花从我们这个行业里强行获得免费的知识版权。音乐人还可以靠商演赚钱，而你让作家和出版行业如何生存？也许你说，传统出版会最终消亡，但那不代表出版行业就该如此地不体面。而且文艺作品和出版行业是不会消亡的，只是换了一个介质，一开始它们被画在墙上，后来刻在竹子上，现在有书，未来也许有别的科技，但版权是永远存在的。

我写这些并不是代表这个行业向你们哭穷，但这的确是中国唯一一个拥有很多与生活息息相关的资源却没有什么财富可言的行业。尤其在盗版和侵权的伤害之下。我们也不是要求你们把百度文库关了，我们只是希望百度文库可以主动对版权进行保护，等未来数字阅读成熟以后，说不定百度文库还能成为中国作家生活保障的来源，而不是像现在这样，成为行业公敌众矢之的。因为没有永远的敌人，也没有永远的利益。

我在2006年还和磨铁图书的沈浩波先生打过笔仗，为了现代诗互相骂得不可开交，而现在却是朋友和合作伙伴。百度文库完全可以成为造福作家的基地，而不是埋葬作家的墓地。

在我们这个行业里，我算是生活得好的。李彦宏先生，也许我们一样，虽不畏惧，但并不喜欢这些是非恩怨，我喜欢晒晒太阳玩泥巴，你喜欢晒晒太阳种种花。无论你怎么共享我的知识版权，至少咱俩还能一起晒晒太阳，毕竟我赛车还能养活自己和家庭，但对于大部分作家来说，他们理应靠着传统出版和数字出版过体面的生活。也许他们未必能够有自己的院子晒太阳。您的产品会把他们赶回阴暗的小屋里为了生活不停地写，而您头上的太阳也并不会因此大一些。

中国那么多的写作者被迫为百度无偿提供了无数的知识版权和流量，他们不光没有来找过百度麻烦或者要求百度分点红，甚至还要承受百度拥趸们的侮辱以及百度员工谈判时的蔑视。您现在是中国排名第一的企业家，作为企业家的表率，您必须对百度文库给出版行业带来的伤害有所表态。倘若百度文库始终不肯退一步，那我可以多走几步，也许在不远的某天，在您北京的办公室里往楼下望去，您可以看见我。

祝您的女儿为她的父亲感到骄傲

韩寒

2011年3月26日

热血一定要洒在它该洒的地方，否则它就叫鸡血。

你知道的

谢谢我的对手，你们让我学到很多，让我知道长路漫漫。关于类似的一切，我的看法从未改变。

两年前我就已经说过一遍，雷同观点如今不想再多说了，说来说去都是一样，说多了就累了。在累之前我认输，否则就灰心了。你们胜利了，请随意。

如果你是我的读者，我希望你们不要以任何名义去驱逐任何一种文化，更不要想教训和消灭它的受众群体。无论是文化还是政治都不能排他，也不能代替别人做出选择，哪怕它很傻，哪怕它不合你的口味，只要它不反人类。

我曾经无意识地带领你们去往各个博客铲除异己，如今我欣喜地看到我们共同的进步，四年前的我一定带不走今天的你。热血一定要洒在它该洒的地方，否则它就叫鸡血。在此我也正式向现代诗歌以及现代诗人道歉，三年前我的观点是错的，对你们造成的伤害带来的误会，我很愧疚，碍于面子，一直没说，希望你们原谅与理解。愿文化之间、年代之间、国家之间都能消除成见，为了……你知道的。

2010年6月12日

大的大贪，小的小贪，不就这点鸟事吗？

荆州挟尸要价

今天在网络上看见了一张照片，因为照片是由上自下慢慢显示，所以在很长时间里都看见一个老头气势磅礴地站在船上，指点江山，后面跟着一个人，随从打点。这不就是我们领导考察的架势吗？等显示完整才看见船底下拖拽的尸体。

事情回到了湖北荆州的大学生救人事件。这个见人不救捞尸要钱的事件想必大家都已经非常了解。从这张照片里，我们可以解读出什么呢？

第一，根据报道，船主陈波垄断了荆州段的尸体打捞业务，其他打捞船过来便会受到威胁。所有的经验告诉我们，在中国，垄断行业只有两个可能，政府行为或者政府参与。当然，政府不会设立捞尸部，所以，陈波之所以能在当地垄断，和当地政府之间很有可能是有关系的。另外，根据照片分析，陈波的举手投足以及后面随从人员的相貌形态，都颇有处级以上领导的风采。而且陈波一口咬定，捞尸费一定是12000元，少一分钱都不干，而且见钱才给人。如果是正常做生意，假设是你，捞三具尸体，36000元，你至少能够抹去零头吧，这是人之常情，况且遇见这样悲惨的事件，而且还是在英勇救人的情况下，任何人都会动容。我认为，陈波之所以一分不让，可能这12000元中，有相当的一部分是打点给他的后台的，如果他只收了5000元，很可能他还要倒贴。而之所以要看见钱才给人，表示他非常害怕别人不给钱。有三个尸体打捞上来，其中有一个真的不给钱，常人的反应都是继续要钱，实在要不到也没有办法，因为至少赚了24000。但是陈波宁愿被人当模特狂拍照还不给尸体，除了此人道德品行恶劣以外，还可能是支持他垄断经营的后台知道打捞起的人数，按照人数收取打点费，所以必须要收到这笔钱。

当然，我只是在猜测，我没有证据。大的大贪，小的小贪，不就这点鸟事吗？

还有一个可能性就是，这其实就是一家政府背景的企业，"荆州市长江水上打捞有限公司"，写得很清楚了，荆州市长。当然，这个也可以向荆州的吴局长了解一下。说不定大家都有股份。

第二，这张照片中，陈波一伙人很明显犯下虐尸罪、敲诈勒索罪、故意或者过失杀人罪。因为首先，没有人可以证明被捞起来的必然是尸体，因为他尚未开具死亡证明，而且距离事发当时并没有超过一个理论上没有生还可能的时间，也许这个人没有死或者还有抢救的可能。你可以说我狡辩，我不需要证明他还活着，但你必须要有证据证明他已经死了。在对方生死不明的情况下，陈波等人阻止了对溺水者进行抢救的行为，已经构成了杀人罪。

第三，当地的公安、救护、消防部门完全有理由和能力对陈波进行强制性的行为，让陈波交还溺水者或者进行施救。连城管都能对商户下命令，何况公安呢？而当地的相关部门在事发现场的不作为，证明了他们和陈波之间非比寻常的关系。很有可能他们是一条船上的人，所以他们不能上一条船。

第四，这些都是倒钩案等一系列事件的衍生产品或者周边产品，那就是好人没好报，唯利是图，人情冷漠，这也是中国社会的缩影。有人需要帮助，再不帮一把就活不下去了；有人出手了，结果自己也被拖下水，岸上的好人干着急，磕头下跪都没有用。资源被垄断，没有利益驱动，你连个尸体都没有。

第五，建议中国的公民随身携带两万元，第一是因为最近物价飞涨，多带点钱总没错；第二是万一被倒钩需要交纳一万到两万的罚款；第三是如果有朋友落水或者自己落水，你可以将现金举过头顶，这样才会有半官方捞尸队对你进行打捞。如果你有幸被救，对方又非常有道德，把你和尸体当成了一个收费标准，那么你还有八千元可以在医院或者救护车上对自己进行抢救。

第六，建议从中小学生就开始进行游泳课的训练。这样既强身健体，还学会一项求生技能，功德无量。

2009年11月5日

编者按：2009年10月24日，长江大学陈及时、何东旭、方招等15名同学在长江荆州宝塔湾江段野炊时发现两名儿童落水。为了救两名落水儿童，陈及时、方招、何东旭三名同学不幸被江水吞没，献出了年轻的生命。 而打捞公司打捞尸体时竟然漫天要价，面对同学们的"跪求"，个体打捞者不仅不为所动，而且挟尸要价，一共收取了3.6万元的捞尸费。

相比起那哥们，至少这里还叫上海，并没有因为很多人下海了而改成了下海，这是我们的幸运。

我在上海，活得很好

前几天从机场回来，半夜无事，想去买几张碟片。梅雨季节，小雨刚过，空气甜腻，我打开了车窗和天窗，慢悠悠地开车。路上不堵，我上了A8高速。多少年来，我们都已经习惯把沪杭高速说成A8，把沪青平高速说成A9，把外环线说成A20了。曾经有一天，它们突然都变成了沪昆高速G60、沪渝高速G50和G1501。我开了两年都没能缓过来。

上了沪闵高架，没开几公里，因为过了半夜12点要封路维修而被赶了下来。在地上开着磨蹭到了延安路高架，心血来潮，说去亚洲第一弯看看。濒临外滩，打开了手机的拍照功能，沿着原来的路线行驶，结果一头扎到一个隧道里了。回想了下以前的新闻才想起来，亚洲第一弯已经没了。不知为何，想起我以前的小学也没了，不禁怅然。我一个朋友说，上海人不配有乡愁。可能中国人都不配有乡愁，为活得更好离开故乡，仿佛只有离开故乡才能活得更好。没成功永远漂泊，成功了在别处扎根。有雅致的故乡都没了，没雅致的不愿回故乡。那些在大城市出生的人可能幸运些，因为故乡不在千里之外，但你在这个城市里成长的痕迹都没了。经常有朋友坐在车上说，哎哎哎，我以前小学在这，我扭头一看，XX豪庭。对于这些人，我只能安慰他们说，我听说过一个故事，有个外国人在上海上班，人家问他，你什么国家来的？那哥们忧伤地说，我的国家曾经叫南斯拉夫。相比起那哥们，至少这里还叫上海，并没有因为很多人下海了而改成了下海，这是我们的幸运。

从隧道里上来，好在外滩还在。开过外滩三号，我今年才第一次去过那里，因为要在那里做一个采访。再往前一些，上海都已经有了华尔道夫酒店了。看来只要你富有，上海就能愉悦你。我穿过了淮海路，来到卢湾区。可是卢湾区已经没有了。我虽然是一个乡下人，但是对卢湾区还是有着深厚的感情，基本上进城来谈事一大半时候都会约在卢湾区。现如今，这里是黄浦区了，想起自己快开到黄浦区的新天地，一时有些不习惯。该改革的永远不改革，不该改革的一直在改革。开过黄浦区的淮海路，想取道华山路去徐家汇，结果开到一半，发现自古华山一条路，华山路如今还是在修路，绕道了以后直接去了古北。那里有一些开得晚的碟店。

古北在上海算高档的住宅区，很多老外生活在此，估计是因为古北离机场很近，一旦情况不好，他们能以最快的速度到机场。我在路边停下，突然有个喝醉的年轻人大喊，谁让你停在这里，开好车就能乱停啊，滚，滚。我看那家碟店已经关了，便自动滚开，往前开过了仙霞路，看见了三个喝了些酒的姑娘，她们互相搀扶，踉跄走着。我在前面几百米停下车来买碟，她们对着我的车大骂道，有钱人了不起啊，开好车了不起啊，你们没一个好东西。

我忍不住回头看了一眼自己开的车，一辆几十万的常见黑色轿车，在这个满眼名车的大都市里，这辆车真有那么好么？可能因为我以前都是关窗开车，所以不曾听见外面人说话。我不知他们为什么哀愁，反正我若在这个城市里艰难生存，我未必不需要发泄。还没走几步，一辆白色的敞篷兰博基尼从边上开过，驾驶座上一个二十多岁的女孩。我吓得忙转身看那三个姑娘，亏得其中一人在扶墙呕吐，还有两人在拍她后背，谁都没有看见那辆车。

碟店前是一片绿化带，我看见一个小伙子背着两个大麻袋在捡矿泉水瓶。我走过时他正好转过身来，戴着太阳帽和口罩，

帽檐压得很低。明显他不想在白天出来，也不想让人看见。我想
他也许就是那些无数给家里发短信说"我在上海，活得很好"中
的一员。我移开视线，走进碟店，碟店里的伙计说，帅哥，《建
党伟业》看过伐？　我说，在看。

2011年6月25日

所以我们在文学作品和歌词里经常看见一句话，就是让心去流浪，当然身体还在城市里交房贷。

城市，让生活更糟糕
——嘉定区世博论坛演讲稿

大家好，我是从来不喜欢演讲的。因为演讲这个词会让人感觉带着说服的野心。我以前参加过一些活动，都比较喜欢提问和回答，毫无准备的回答可以显示出回答者的智慧，当然，经过精心准备的问题更能够显示出提问者的愚蠢。这次其实也不能叫演讲或者讲座，因为我在念稿子。大家就当我在朗诵好了。

这次来还有一个原因是嘉定区请我过去的两个同志在9月30日还给了我一份小礼物，说务必要赏光。你想想，在国庆节的前夕，他们居然代表党和政府给我献礼，我被深深地感动了。

但是，我不能害了他们，我就决定念稿子。其实我也没有什么深刻的东西可讲的，纯粹是讲点我的个人感受。

　　我忘记了从哪一年开始，上海开始给每一个区县定位其发展的方向。我的家乡金山很不幸，发展的是化工行业；嘉定就比较幸福，是汽车工业……哦，还有闵行和南汇，发展的是渔业，所以有那么多人去钓鱼。每一个区都有一个说法。

　　嘉定区我是比较羡慕的，汽车行业在任何一个国家都是大行业，每一年的比赛我都会来嘉定，因为有上海国际赛车场。上海国际赛车场很大，以前可以说是世界上最豪华的赛车场。里面的休息区小桥流水，可惜我只在铁丝网外看过，因为比较贵，所以中国车队基本上都用不起。在座的各位可以去参观参观，不过因为大家都是黄色的脸黑色的眼，所以可能要去搞一些通行证才可以，如果你是外国人就可以随便通行了。不过很遗憾，中东后来造了两个赛车场，好像都要比这个更豪华一点，这点上中国人还是干不过中东人。为什么呢？可能因为人家的石油是去赚外国人的钱的，我们的石油是去赚自己人的钱的。

　　说到了油，大家都知道，上海前几天的油价又涨了，全国统一涨价三毛，惟独上海涨价七毛。用的汽油是沪四的标准。我不知道为什么上海会比其他地方贵四毛钱，可能最近上海的财政比较吃紧一点，好几千亩的一块地又是送给美国人的，短期内收不到什么利益，所以要老百姓们补贴一点。

　　有一个笑话不知道在座的听过没有，说发改委每一次涨油价，国内外都要坠毁一架飞机。第一次涨价，当天美国坠毁一架F22；第二次涨价，当天法航A330坠毁；第三次涨价，当天一架空客154在也门坠毁；第四次涨价，当天伊朗坠毁一架客机；第五次涨价，当天印度一个部长的直升机坠毁……

这次涨价的前一天，我是要从北京飞上海的，一听到发改委涨了，赶紧改签了一天。所以，我恳请在和平年代，不要随意使用发改委这个武器，让油价涨到一步到位吧！

那么，一步到位是多少呢？因为在去年油价最低谷的时候，发改委提出当时中国的高油价要和世界油价挂钩，并且假惺惺地取消了养路费，改为燃油税，说是费改税。很多屁民都以为是得到了实惠，因为多开多交，少开少交。

我可以告诉广大车主，你们的账肯定算错了。为什么呢？因为他们怎么可能让你贪到便宜呢？可能在短期内，甚至在一两年内，你不会觉得有什么影响，是因为相关部门面子还是要的。但是他们预想中的目标，我想在不久的将来，油价应该是在十元一升，终极的目标再加上通货膨胀，应该是要到二十元一升。这样，我们就成为了全世界油价最贵的国家，到时候上海市的房子均价十万元一平方米，只要你能在上海生活下去，走到世界上的任何地方大家都会对你刮目相看。

我建议全世界的大部分国家都对持有上海身份证的居民开

放免签。

　　当然，就算涨价到了二十元一升，我们还是有理由的，比如说，这是为了促进环保。有些人是特别不注重环保的，但是大家都很喜欢"环保"这个词，任何账目做不平了或者缺钱了，都可以打着环保的名义去圈一点。这次的沪四标准的汽油，据说质量很差，很多车发生了严重的抖动、熄火，发动时间长，油耗大的问题。

　　现在很多人对环保的概念是非常肤浅的，认为开大排量汽车的人就是不环保，开小排量汽车的人就是环保，因为一个耗油多，一个耗油少。但是大排量汽车除了关税，还缴纳了额外的大排量的消费税，加上购置费，差不多一辆300万的汽车，160万加上30万的购置税都是交给国家的，他们为自己多燃烧的那么一点点汽油多付出了至少30到50万。如果这笔钱能够像它征收的目的一样用于环保，可以说，他们其实对环保的贡献才是最大的，只可惜这些钱用于了什么我们没有人知道。

　　我们可以说是用于了环保，反正你自己又没有仪器，还不是《解放日报》说，空气质量大幅提高就被大幅提高了嘛，这是花了一百亿让你呼吸到的好空气，你除了继续接受这个空气——就是受气——以外有什么办法？没有了。

　　我的杂志社在浦东，我住在二十六公里外，每次开过去大约要花两个小时，平均时速每小时十三公里。我住的地方必须要通过一个地道，这个地道在莘庄和松江的交界处，地道属于闵行区，但是闵行区没有丝毫要拓宽的意思。是两车道，可能拓宽了以后不利于自己的房子的销售，毕竟从松江区到市区必须要经过闵行嘛。有一天，沪杭高速修路，于是所有的车都分流到了这条路上，本来这条路周围都是居民区，大家去市区方向必须经过这条地道。

我永远记得那一天。那一天，我开车去一公里外的一个餐厅吃东西，六点钟从家里出门，到了餐厅已经关门了。从那一天起，我买了三辆自行车和一辆电瓶车。

我是一个非常非常不喜欢大城市的人。我从小在乡下长大，一直到初中的时候，我还是农村户口。因为我的母亲是城镇户口，但是我的父亲是农村户口，我父亲在"文革"结束，大学恢复招生以后第一批考取了当时的华东师范大学中文系，但是因为肝炎在学校医院隔离了一个月以后就被退学回家了。这说明可能我们父子都没有上大学的缘分，后来我父亲靠自学，依然拿到了大学的文凭，在亭林镇文化站工作。他的写作、摄影和书法都不错，这三点上我深受他的影响，而且做得更好。但是我父亲开车不行，还好这点上我没有受他影响。

我不知道当时的户口制度是怎么样的，总之当时虽然我念书和村里的小伙伴们不一样，他们都在村里念，我是在镇上念的，但是我的户口依然是农村户口。我的母亲为此很忧虑，我不是特别明白这个有什么区别，我妈妈说，农村户口就意味着以后娶媳妇很困难。当时我五年级，其实我已经在谈恋爱了，我的小女朋友丝毫不在乎我的户口问题，当时的恋爱都比较单纯，也不关心你家里的房子有多大，有没有贷款，只要留一个电话号码就行了。如果你有电话号码，就证明你家境不错，因为当时装电话要一大笔钱。我记得我家装了电话以后我很激动，经常向同学们问答案或者和女同学们聊天。我就记得我家里的电话什么都好，只有一个毛病，有的时候说话声音会比较空灵。长大以后我才知道，是我妈在楼上听电话。因为一直在农村和城镇长大，所以其实我对小规模的地方一直是很有感觉的，在那些地方可能更加容易找到归属感，生活也会更加轻松一些，而且不堵车。

如果那个地方突然开了一个二十四小时的便利店，我会很感动。我无意间发现，我居住的地方其实都和城市保持着一定的距离，在北京的时候我住在望京——一个多么可怜巴巴的名字啊，天天望着北京。后来住到了朝阳区，可是不知道为什么，我住的朝阳区那个地方，去朝阳公园要半个小时，但是去通县只要两分钟。在上海，我一直住在金山，后来在松江。可能我天生是个乡下人，生命终究难舍蓝蓝的白云天。只可惜现在的乡下也不是白云天了。

我是很有故乡情结的，但是我发现其实很多人没有。当然，土地都不是你的，你的故乡也无所谓你的死活，在哪里不都是故乡么，在哪里不都不是故乡么？

到最后，可能自己能够在哪里生存下来哪里就算是故乡吧。我不知道大家对故乡是什么感觉，但是我很喜欢那里。有一年我老家要拆迁，我说，不行，我爷爷也很着急，说，韩寒，你看，你能不能想想办法让这个房子不要拆掉，比如说弄个名人故居什么的。

我说，爷爷，我还没有死掉呢，你当我是余秋雨啊。

说句题外话，正好说到死掉这个话题么。我为国家也算缴纳了不少税了，我有一个梦想，我希望如果有一天我掉河里死了，相关机构可以免费打捞我的尸体。当然，我觉得可能性不大，所以我还是要把游泳学好的。我们说回到名人故居，后来万幸的是，我所在的亭林镇政府比较无能，招商世界最大的雕塑园，黄了；招商亚洲最大的物流中心，黄了；招商中国最大的电器城，黄了……我很高兴，最终这个变成了亚洲最大的笑话。因为"三黄"，所以最后我的故乡得以保存。

保存下来以后我很高兴，和邻居说，太好了。但是我普遍发现我的很多邻居不是这样想，他们都不喜欢自己的故乡和自己的房子，虽然他们的房子有三层楼带院子，总共四五百平方米，但是他们愿意政府用极低的价格来拆迁他们的房子，只需要在两公里外的镇上住到拆迁房就很满意，这样他们就是镇上人了。

在上世纪初的时候，我们的人生都是颠沛流离的，但是没有想到在现在，迫于现实的压力，还有这么多人主动愿意颠沛流离。城市里的人苦不堪言，但是很多乡下人又向往城市，觉得如果不去城市，自己的生活永远没有办法翻身，但是去了却被压得更死。

城市是一个幻灭年轻人理想的地方。经常有记者问我，我们中国会不会出现像国外的垮掉的一代。我说不会的，首先我认为美国的那一代人其实根本没有垮掉。而在中国，除非房地产业垮掉，否则年轻人永远不会有理想。为什么中国没有好的公路片，一方面是中国禁摩，而且交通情况恶劣，另外一方面是年轻人的理想已经转变了。

我相信，旅行是大部分年轻人的理想。在上世纪八十年代的时候，流浪很流行。其实那个时候没有现在那么大的生存和经济的压力，很多年轻人向往去流浪，很多人还真的这么干了。但是现在谁说自己要去流浪，这个人一定会被大家认为不正常。所以我们在文学作品和歌词里经常看见一句话，就是让心去流浪，当然身体还在城市里交房贷。

前几天，我看电视上，看到北京的国土资源部的一个领导讲话，大意是说，这个房价我们政府是没有办法控制的。这个房价啊，因为我们是发展中国家，而且这个城市化进程在不断地推进，大量的人涌入城市，所以我们的房价从长远来看还是要涨的。但是，我们会通过一些税收的方式来将涨价的这一部分返还给民众的。

这个方式是很新颖的。说直接一点就是本来是政府卖地赚了一票，开发商卖楼赚了一票，现在政府决定再赚一票，共赚两票。其实说房子没有什么特别大的意义，被大家已经说烂了。我注意到一点，上海现在的公寓成交均价是203万。外环以内已经再也没有单价1万以内的房子。我觉得我们没有必要拿任何其他社会主义国家——哦，对不起，其他资本主义国家的房价来对比，因为这样的比较是没有意义的。

我身边的同学，基本上大部分的年轻人，生活中所有充斥的问题就是如何生活下去，尤其在上海这个城市里。这个城市里已经没有梦想，除非你是富二代和无产阶级高官的无产儿子，否则你是不可能有美好的生活。中国的大城市都是这样的，它毁灭了一百万个理想，可能成就出一两个富翁，然后被作为成功学的模范当成另外一种理想存在。

我的同学们无论是生活或者恋爱都非常现实。前几年，大学开始扩招了，我其实非常赞同，因为其实我并不奢望这些人可以做什么，但是扩招可以稀释一下学生中脑残的浓度。从学校出来的学生们，第一个忙的事情不是自己的事业，而是自己的一套房子。这让我觉得非常奇怪，因为包括我本人其实都还没有一套像样的房子。一方面是房子代替了以前的户口，成为了娶媳妇的重要元素；另外一方面是因为上海这个城市不能给人安全感，人们都需要自己的一个窝。

但是在上海这个城市生活下来的确不容易，汽车车牌三万多一张，摩托车牌四万多一张，房子均价两万多，出租车起步费十二元，公交车两元钱起步，地铁三块钱起步，油价六块多一升。如果这些都和世博会有关系的话，我宁愿世博会还是不要开的好；如果和世博会没有关系，只和大都市有关系，我宁愿上海不是一个大都市。一个真正的大都市，是可以安居乐业的。如果你不富不贪，我基本看不到在上海的沪C牌照不能通行的范围以内的区域里安居乐业的可能性。

衣食住行四个字当中，衣服贵，医疗贵，住的贵，行的贵，唯独食还不算贵，这个就是无耻的地方。他让你行不起，病不起，住不起，玩不起，学不起，生不起，结不起，离不起，但唯独让你吃得起。它让你过不下去但又饿不死。

可能有人要说，你在这里为什么不提一些建设性的意见呢？其实我最恨的是这句话。在座的各位，包括新闻媒体的从业者，我相信你们都是抱着理想加入了这个行业，但是到最后也变成了迫于生计。在座的各位嘉宾朋友，任何一个精神独立、作品带有批评色彩的人，对于自己所在的行业都有着不少建设性的意见，相信在大家年少不懂事的时候也没少提过。包括我自己，对于汽车行业，对于文化行业，做的很多不光光是批评。但是你知道，提一些建设性意见是最让人痛苦的事情。没有任何一个掌权者需要你的建设性意见，你所有费心想的意见完全得不到任何的回馈。与其这样，我要么做一个歌颂者，要么做一个批评者，我绝对不做一个建设者。

最后要说一句，大部分人在上海的生活压力实在太大了，可能真的把这个城市当做冒险家的乐园了吧。你想想看，冒险家应该是有失败有成功的，如果冒险家永远成功，那才能叫乐园，而一个城市，如果真的是冒险家的乐园，那它势必将是人民的地狱。

谢谢大家。

编者按：上海郊区（松江区、金山区以及崇明县等地）使用的"沪C"开头牌照的汽车，不能进入外环以内的市区。

有些人一看见别国政府破产了，就乐不可支，激动地摇醒自己积劳成疾但又不敢去医院看病的老婆。

乞

我的车开在路上经常丁零咣啷地响。朋友常问，是不是排气管松了？我说，不是，是钱在晃。我一般都在车里放很多一元硬币，准备在红绿灯路口或者目的地停车的时候给那些乞讨者的。

我对乞丐有着很复杂的感情，一方面，我知道他们很多都是假的，因为我出门一般比较晚，路上冷清，我不止一次看到过乞丐被人用车接走；另外一方面，不管真的假的，有些人真是看着可怜，所以，一般来说，只要遇上我都给几枚硬币。但是到后来，我就完全麻木了，完全不是出于内心的怜悯，只是习惯。

我国的乞丐都是主动出击的，儿童占了很大比例，有时候会跟你一路，尤其是你身边有姑娘的时候。你不给吧，显得你衣冠楚楚毫无爱心；你一给吧，瞬间小孩子都簇拥着你，这下你有再多零钱也不够了；你要是给大面额吧，又显得你作秀特别装逼，而且很多时候你明知道其实是助纣为虐。

我就经常被簇拥，有一次我给了一个小孩一张二十，说小朋友，你负责给你们七八个同伴分一分，我没零钱了。那小朋友看了我一下，嗖一声跑了，我瞬间就被剩下的小孩子爬满了，腿上都挂着一男一女，真体会到了儿女绕膝。不过通过乞讨者，我知道最近的确通货膨胀了，几年前给一块钱和现在给一块钱，得到的回馈眼神都不同了。

后来我也打听了，为什么这么多的小孩在乞讨，据说这是一门生意。所幸我看见的大多还是健全的孩子，最近看见微博上说有人将小孩拐走以后弄残，专门用于乞讨。突然间想起几年前老是在街上看见卧在木板小车上的残疾儿童沿街乞讨，不知道是不是他们。看到网上有人提出，其实法律早已规定禁止胁迫儿童乞讨，公安部也表示，看见有人胁迫儿童乞讨要报警。

但问题是，我也算有丰富的被乞讨经验，但我还真没见过有人当场胁迫儿童乞讨。所以，我觉得法律应该禁止任何儿童参与乞讨，不管他有没有受到胁迫或者是亲生父母为生计所迫。凡有儿童参与乞讨的，一概违法。而且这不难实施，因为所有乞讨的地方都是人群聚集地或者交通繁忙的路口，按理有着足够的警力。只要你立法，我相信人民群众有足够的觉悟和愤慨让这个国家没有一个儿童行乞。

但可能真正带着孩子乞讨的父母会认为，只要不是被拐卖或者被胁迫的儿童，我带着自己的小孩要饭是我的权利，是种自由。诚然，我们也许没有所有的自由，但我们绝对享有行乞的自由，不过那是对于成年人。自由也总不是绝对的，国家大型盛会时，政府形象工程前，你还是不能随意行乞的。

其实这都是乞讨儿父母衡量了效益以后的决定，他们觉得两人打工加起来一两千，肯定没有带着小孩行乞的效益高。

真的有不少人身有残疾，甚至孩子残疾，或者的确无路可走，必须乞讨，这就牵涉到社会保障和福利的问题了。否则你让那些人怎么办呢？低保根本不够活的，如果是农村户口，更没有保障。

说句题外话，大家都知道，我们国家很有钱。很多人在嘲笑美国金融危机了，美国某州政府财政都是赤字，某州政府要破产了。有些国人一看见别国政府破产了，就乐不可支，激动地摇醒自己积劳成疾但又不敢去医院看病的老婆，说，还是我们国家牛牛牛牛牛牛牛……住桥洞回声有点大，没办法。

最后，我们都希望禁止儿童行乞能最终被写进法律，能最终被严格执行。虽然孩子被拐卖，很大一部分并不是去乞讨而是被卖给别家，但无论如何，总要从最容易解决的问题开始。这么多人为了国策，为了给国家减轻负担，只生了一个孩子，如果还保护不了那一个孩子，那么就算你永不破产，你都无颜以对你的子民们。

我看到有朋友提出了两个很好的问题，问题之一是问我支持随手拍照解救被拐儿童么？

我觉得，这是一个推动的过程和重要的起始点。真从中找到了孩子那当然再好不过，但我不喜欢看见它变成一次狂欢。乞讨的儿童中，我相信身边是亲人的还是居多。真要是恶人，到时候万一给作为道具的儿童毁个容或者索性毁个灭，你拍了也没用。而那些乞丐的亲生孩子也有其尊严，他一定不希望长大以后看见自己乞讨的照片还留在网上。

所以，如果发起这样大规模的行动，要有足够的能力去推进核实和面对一些误伤。当然，你不能指望每个丢失孩子的父母都开微博，所以最好能够有办法促使各地公安部门通知已登记的失去孩子的父母及时辨认，这并不是一个很大的工作量。如果公安部门确认受害父母都已经看过照片，但没有找到疑似丢失的孩子，那些公开的照片则最好删除，只存档保留在公安系统的内部档案中。其实更好的方法是丢失孩子的父母上传自己孩子的照片，然后网友找，但恐怕这样大家又都没有热情。热情总会过去，就看冷清的时候，是不是大家还能坚持默默做事。

第二个问题是，不能幼稚地相信立法，还应该提高国民的经济水平，才能从根本上杜绝儿童乞讨。有些孩子就是自愿乞讨，有些父母就是穷，乞讨的时候孩子只能带在身边，如果立法禁止儿童乞讨，那么那些孩子们及其家人就会饿死。

首先，的确不能幼稚地相信立法就等于被执行，但不相信便是另外一种幼稚。如果推动立法或者修法，本身就有它的价值，而其价值不光在于保护儿童。所谓的提高国家经济水平，人民生活水平得到本质改善，才能从根本上杜绝儿童乞讨。这是一个空的命题，它可以套用在被强拆甚至被强奸上，它需要不可预计的时间，有个不可执行的标准，一个空泛的愿望是不能用来解决现实问题的，更不能用于阻碍解决问题。

拐卖孩子一般有两个用途，一个是用于乞讨，一个是用于卖给其他需要孩子的家庭。后者至少可以基本保证孩子的生命生活，而且由于家庭稳定，寻找起来难度也相对小一点，属于不幸中的幸运，而前者是不幸中的不幸。

如果能立法禁止儿童乞讨并执行，就能从根本上杜绝前者的发生。如果说伤害到了自愿乞讨的儿童或者自愿带儿童乞讨的家庭，会导致饿死很多人，那就必须伤害到。任何法律的制定一定会伤害到利益群体，哪怕这个利益群体是弱势群体，否则我们无法进步，无法真正地保护弱势群体。

儿童乞讨的自由不应该被伸张，我们还有很多真正需要伸张的自由，如果该有的自由一个都没有得到，反而争取到了保证儿童可以自愿乞讨的自由，那就很悲哀。儿童不应该有乞讨的自由。儿童是需要国家严格立法保护的，而不是自由意志的第一照顾对象，否则大部分儿童都是自愿不上学的，自愿在外面混的。如果携带儿童乞讨永远合法，那么也将是政府不积极推进社会保障的一个借口。因为三百六十五行，你就算行行不行，你还能乞讨，带儿童乞讨明显收成更好。

所以，我认为禁止儿童乞讨，也许不能杜绝儿童被拐卖，但可以杜绝被拐卖儿童遭遇不幸，也可以迫使政府考虑更多的社会福利保障问题。

2011年2月11日

只有众善够重，诸恶才能被诛。

诸恶与众善

最近有一篇文章，流传甚广，叫《不要给西南灾区捐水了》，署名是韩寒。这篇文章并非我写，我的所有杂文的出处都会在我的博客中，如果博客里没有出现过（注意，是出现过，因为我不能保证文章出现以后能一直存在着），那就是没有写过。这篇文章我大致看了，很明显，文中类似"我曾经说过，如果我愿意，我可以去颠覆你们二十多年来形成的价值观，因为生活中很多在你们看来是理所当然的观念都是错误的"这样的话，是不会出现在我的文章里的。

对于该文作者的观点，我认同一部分，但对于主观点我不认同。在四川地震前，我已经知道原来红十字会是有一个所谓的手续费的，这个手续费的比例很高。到了四川，我们去了红十字会，当时老罗和我说起此事，我和老罗还说，如果捐款很多，岂不是光手续费就能够收几十亿？我寻思着要不要写这个文章。但是到最后，我都没有写，因为我不能在那个时候打击大家捐款的热情。后来我只是说，我不会向官方机构捐款，手续费是一方面的问题，另外一方面我并不了解最终捐款的去向。好在最终红十字会宣布免收手续费。

至今我一直有一个疑惑，就是比如某处发生灾难，救灾最终需要一亿，民众积极捐款，捐到了五千万，那到底意味着救灾总款变成了一亿五千万呢，还是救灾款依然是一亿，但是我们捐给了政府五千万？它困扰了我很久，最终解决的方法是各帮各的，各行其善。

西南大旱，天灾人祸都有，无论一个政府做得有多么不到位，都不能妨碍你以个人的身份行善的决心。事实上，经过了汶川地震，震后又出现了一些让人失望的新闻，大家的善心抗震程度又有所提高。之后的几次天灾，民众的热情程度一直不是很高，包括这次西南大旱。但你必须知道，也许只有你知道，在你的一生中，一定犯下了罪孽。虽然在这个压力这么大的社会里，我们恨不得自己都是需要扶助的对象，但是力所能及的慈善，不光是为了让这个世界更加有希望，也是为了减轻你自己的罪恶。这个事情和政府无关，但是和社会有关。

有一句话：诸恶莫作，众善奉行。但是如果诸恶一直在作，甚至越作越过，乃至是非颠倒，这一切都不影响后面的那句，众善奉行。

只有众善够重，诸恶才能被诛。

2010年4月14日

　　小品有的时候就是小品，当你做到了电影的长度，它充其量只是一个大品，依然不是电影。

拍一拍身上的土

　　今天上午有朋友给我发短信说，我们的《刺陵》上线了，你有空去看看。今天下午有另外的朋友给我发短信说，我们的《风云2》上线了，你有空去看看。

　　于是，我去了电影院，买了一张《三枪拍案惊奇》的票。

　　不得不说，我对一个拍出过《活着》的导演还是抱有期待的，尤其当这个导演选择了一个这么土的电影名字。

　　看完我发现，是真的很土。而且，我认为，他们的内心其实是奔着时尚去的，也许他们认为，这就是现阶段的时尚。

　　我猜想这个电影的诞生是因为本山传媒与张艺谋达成了合作。

　　于是他们弄出了剧本，但是在操作的过程中，张艺谋开始担心了，这未免也太土了，我们必须要加一些年轻人喜闻乐见的时尚元素进去。于是张艺谋开始问身边的人，最近流行些什么啊？

张艺谋身边的人拍一拍身上的土，说，最近流行武林外传，里面好多词都是网络流行词。

张艺谋一想，网络好啊，这就是时尚。

要知道，这些人们拍电影和化学家一样，最讲究的是"元素"两字。全剧组拍一拍身上的土，一思量，喜剧元素、西方元素、时尚元素、春晚元素、二人转元素、网络元素都齐了。于是，他们一头扎进了大西北的土里，开始拍这部电影。

看完以后，不得不说，小品有的时候就是小品，当你做到了电影的长度，它充其量只是一个大品，依然不是电影。电视剧有的时候就是电视剧，当你用了电影的配置，它充其量只是一个电视电影。从张艺谋对于高速摄影机的爱不释手，我可以理解为什么他依然固守着已经落伍十年的美术风格不放，我建议张艺谋和他的团队继续固守，千万不要多想什么与时俱进，说不定某一天，时尚的轮回还是会转到他们那里去的。

整部电影我给的分数是1分，这1分是对于张艺谋放弃人海战术和片子中某些演员的表演还算不错的鼓励。这是一部比较适合在三线城市的县城里播放的电影。

2009年12月12日

有些人可以吃鲍鱼，但不能因为看见吃咸菜的人吃太多咸菜而制定一个标准。

给点咸菜吃

我国的新闻给我的启示是经常让我知道原来我国有各种各样的部门，这次，我就知道了国家标准委员会。

为什么有这个标准的出台呢？很简单，商人是靠出台产品盈利的，政府是靠出台政策盈利的，有了这个标准以后，大部分的电瓶车将要被划为轻便摩托车或者电动摩托车（电动摩托车，这个词汇真新鲜），无论在牌照和税费上都将大大增加。我不是特别理解，相关部门如果是以人民群众的生命安全为幌子的话，那么这一部分超过标准的车，缴纳了更高的费用以后，难道就变得更安全了一点吗？难道除了信春哥能不死以外，多交税也能不死吗？

这次的改革上，我们可以看出相关部门的决心。因为相关部门知道，通过技术手段，电瓶车主可以将本来是40公里极速的电瓶车在检验时限速到20公里甚至15公里的国家标准，这一来相关部门钞票就收不到了，怎么办呢？于是就又出台了40公斤的标准，因为跑得比较快的电瓶车难免分量就重，这下你就没辙了。

在一些国家，毕业以后年轻小伙子创业的阶段，一辆摩托车是陪伴他青春的记忆，对于很多不那么富裕的家庭，摩托车是出行必需的交通工具，你不能要求每个人必须要去坐公共交通。后来这些原本骑摩托车的人，一部分人选择了地铁和公交，一部分人买了小车，一部分人买了电瓶车。选择地铁和公交的，最近票价都涨了；选择了小汽车的，油价也涨了，在某些奇特的城市还要收牌照费用和道路使用费；但是选择了电瓶车的那些人，也就是这批人中最弱势的那些人，相关部门一直没有能够从他们身上捞到油水，好不容易电价涨了吧，这钱还不归自己。于是，公平公正的原则体现了出来，当年从摩托车上赶下来的那一批人，都要赚到你。

那么电动车安全么？不安全。因为电动车无声无息，而且刹车性能差，很多电瓶车能开到甚至超过50的速度。但是电动车驾驶员撞死人的事情很少见，更多的是电动车驾驶员被别人撞死。实施新标准以后，对于他们依然被别人撞死似乎没有什么帮助。电动车的标准很简单，应该是牌照登记等手续彻底免费，限制速度不能超过35到40，必须使用碟刹，使用头盔。尤其是必须使用碟刹。我看过市面上很多电瓶车，大部分能超过50的超级电瓶车，其实所配套的刹车系统和能开到50的轻便摩托车是一样的，都已经主动配备碟刹，这让我很欣慰。这说明这些厂家虽然技术活不见得好到哪里去，基本的良心还是要比一些相关部门要好的，就是你多交钱，服务和配套也会相对应地提升。但电瓶车超过50还是有点危险的，因为轮胎配置比较差，悄然无息，这个速度就可能对行人造成比较大的伤害。

我有一个邻居，在上海金山石化的某个工厂上班，每天回家要坐公交车25公里回到亭林家中。但是他的公司经常加班，加班了以后他就没有车回家了。他的月薪是1600元，在周围很多的工厂里，这已经算不错的。周围的房价都是1万元。他想买一辆摩托车，看中了一辆4000多的，要去买。我说我这里有一辆一模一样的小摩托车，我开了大概100公里，我1000多元卖给你（请要提问你为什么不直接送给他的脑残朋友多动动脑筋）。一周后，朋友说，我不要你的那辆了，虽然便宜，但是还要上牌照的钱，最主要是油钱很高，我一个月要加掉快四五百块钱油了，我承担不起。你看我的电瓶车，也能开到50。

如果实行了标准以后，我这位朋友的命运就很回测了，他的选择有两种，一种是交一笔钱，还是开着他的"电动摩托车", 半个多小时到家, 如果运气好, 可以活到老; 另外一种是换一个标准的, 但每天回家需要开两个小时左右, 无论冬雨还是盛夏, 而且他的电量还有相当的可能是开不回家的。

电瓶车是这个城市里倒数第二弱势的人群使用的交通工具, 他们往往是疲于奔命的人, 你不能让他们以70码的速度去送命, 你也不能让他们以15码的速度去奔命。无论如何, 我认为相关部门不能再多收他们一分钱了。有些人可以吃鲍鱼, 但不能因为看见吃咸菜的人吃太多咸菜而制定一个标准, 说你每天必须吃规定量的咸菜, 否则太咸了有害身体健康。但解决的办法又不是给人家肉吃, 而是将人家已经多吃的或者即将多吃的咸菜按照肉来收费。你以为人家那么乐意吃咸菜吗? 你吃一个试试。当然, 可能你偶然吃咸菜还觉得挺好吃, 就像××省省长偶然在机动车道里骑自行车上班一次感觉很不错一样。牛你就天天吃。

2009年12月14日

我只是一介书生，在这个又痛又痒的世界里写了一些不痛不痒的文章而已，百无一用。

2010新年随想

今天我想起在上学的时候，同学之间无论友谊爱情都喜欢送杯子，因为杯子代表一辈子。真不想，十年后的今天回想起来，你送了多少杯具给自己中意的人啊。

昨天有差不多大的一个记者问我，说，在十年前，媒体都说我们这些人好差，自私，没信仰，接受的都是速食文化，国家在你们这一代人手里真是没有希望。而现在我为什么听越来越多的媒体说，这一代人其实真不错，是国家的希望，有责任，能担当，思想进步。你觉得是什么能让大家对这一代人有这么大的改观呢？

我回答说，哦，那只是因为现在很多媒体从业者都变成了这一代人。

　　所以，时间不断地推进，改变了除事物本身以外的那些事物。

　　最近回答了不少相似意义的不同问题，我想除了已经答应下来但未完成的地方以外，最近就不接受什么专访了，幸运的是之前接受的一些媒体也都是自己比较欣赏和喜欢的媒体。该说的我也都已经说了，再多说也惹人烦，况且我只是一介书生，在这个又痛又痒的世界里写了一些不痛不痒的文章而已，百无一用。如今我们跟跄前行，身为一个书生，在新的一年里，只能继续写下去。

　　最后，祝愿所有的强势群体、中势群体、弱势群体、去势群体，所有的无产阶级、特产阶级、地产阶级、高产阶级、中产阶级、低产阶级和真正的无产阶级，所有的学生、教师、记者、艺术家、地产商、房奴、扔燃烧弹者、政府官员、公务员、警察、商贩、城管、钓头等等各行各业的朋友和冤家们，新年快乐，明年再玩。

2009年12月30日

我本将心照政府，奈何政府没标准，导致了有些朋友莫名其妙就触到了雷区，甚至有些五毛党都经常陷于拍个马屁结果审核没通过的尴尬。

我只是在探索

最近看到了几条新闻，联系在一起非常有意思。首先，土方车以几乎平均每天随机压死一个人的效率推进着城市的建设，照这样下去，中国馆就是屁民的鲜血染红的。

其次，宣布，坚决不让黑势力在上海市立足。这点我是相当放心的，因为物价那么贵，没有哪个黑社会老大能养得起小弟。再者，上海宣布，在必需的时候会实施单双号限行等措施。

虽然这个规定对我没有什么影响，因为我平时都在乡下，很少进城，但是如果到了那天，真要限行，我觉得大家除了直接把车停在马路上回家以外，也没有什么办法，他们可以因为道路太堵，所以限制汽车上路，而我们不能因为领导太蠢而限制他们上班。

　　另外，有很多的朋友问我对于谷歌要退出中国有什么感想。在谷歌图书馆扫描中国作家作品一事的时候，就有记者问我，GOOGLE未经你的同意，扫描了你的书放在网上供人免费看，说大不了赔你60美金完事，问我怎么看。我说，如果它真这么干了，那就能解释为什么它的中国市场份额做不到第一了。回到家一上网我才弄明白，原来只是扫描了我的书一个目录而已。于是，我才明白为什么他的市场份额做不到第一了，搞他的人太多了。其实，无论谷歌是真退出假退出，我都表示非常理解，我唯独不能理解的是，有个网站的调查，有七成的网民表示，不支持谷歌对中国政府提出的对审查结果不设置屏蔽审查的要求。在看一些政府官网的投票结果的时候，你经常觉得自己为什么永远是在民意的对立面上，看久了甚至觉得自己是个90后，怎么从来都是非主流。其实这些网站才是急需屏蔽的。我能够容忍把黑的说成是灰的，把白的说成是米的，但绝不容忍颠倒黑白。

　　谷歌如果离开中国，最扼腕痛惜的应该是一些作家。当然，不是因为中国作家代表了社会的良知和进步的力量，他们从来不关系言论的限制，就算文化部门把中国汉字中的一大半都屏蔽了，他们也有本事在剩下的汉字里接着歌功颂德。他们痛心的是，早知道你要跑，当时就收下你那60美元了，我相信这应该会是大部分中国作家在电子版权上的第一笔收入。不就是想多要40吗。

最后，我看到一个新闻说，以后手机上转发黄段子或者黄色信息将停止该手机短信功能，必须到公安局写下保证书才能开通短信功能。他们就是这样，它永远给你一个动词和名词，然后永远不解释这个名词。比如说，不能反革命，但从来不告诉你什么是反革命；不能犯流氓罪，但从来不告诉你什么是流氓罪；这次是不能发黄段子，但是从来不告诉你什么是黄段子。我本将心照政府，奈何政府没标准，导致了有些朋友莫名其妙就触到了雷区，甚至有些五毛党都经常陷于拍个马屁结果审核没通过的尴尬。我的提议是，对于雷区，就应该写清楚，这一片是雷区，你进去了就后果自负。你不光没有明确标明，反而时不时在人行道上埋个雷，炸了算谁的呢？鉴于快到新年，为了避免广大网友在转发各种短信的时候不幸被停机，导致年初一进派出所写保证书的悲剧发生，我决定牺牲自己，在这几天里，源源不断地转发各种黄段子，直到我的手机被停机了，我再转告大家，到底什么叫做黄段子或者黄色信息。所以，最近接收到我的黄色段子或者色情短信的朋友们，请不要误会，我不是在发春也不是要调情，我只是在探索。

2010年1月15日

说实话，我一直不觉得这些古代题材有什么拍成电影的必要，从电影的角度，类似的电影从诞生的一瞬间做的就是最反电影的事情，那就是扼杀想象力。

看《孔子》

今天我去看了《孔子》。

在进场之前，我又离场了，是因为我要看清楚我究竟坐在哪里，免得进去以后打扰到别人。一进场我就后悔了，电影院里不到十人，座位基本是自助的。在中国的古代，产生了一堆的子，虽然他们今天曰的和昨天曰的甚至还会自相矛盾，他们的意义不在于他们说得足够好，而在于他们说得足够多，各个时空的政客们各取所需，或推崇或批判。孔子就是里面最富有代表意义的一位。

说实话，我一直不觉得这些古代题材有什么拍成电影的必要，从电影的角度，类似的电影从诞生的一瞬间做的就是最反电影的事情，那就是扼杀想象力。但你要真说中国这些古代大片没有想象力吧，也不一定，编剧们经常创造出非常反历史的桥段，所以这本身是非常纠结的一件事情。之所以中国的大片大多数都要拍古代著名人物或者故事，源于制片方投资方没有什么安全感。他们觉得投了大钱，要完全建立在靠编剧导演创造出来的故事上不大靠谱，而偶然有导演同时拥有了巨大投资和自由创造的权力之后，拍出来的电影居然更差。这一切，拧成了中国大片的悲剧史。

我们抛去一切政治的因素，从电影的本身看这部电影，这是一部失败的电影。电影里的说教毫无感染力，孔子一边在电影里说礼说仁的时候，我边上那人还用手机大声聊了十分钟的天。里面的战争如同儿戏，鲁国国力不济即将不保，而孔子的弟子只需要设一点路障向空中射箭就能退敌；人和人之间的口角都没有任何的说服力，就好比小时候家长经常告诉我们，今日事要今日毕，但这句话其实不能说服你。这已经不是一个子多曰几下就能忽悠人的年代了。

通过电影，你很难理解孔子这个团队里的员工为什么一直追随他。在渲染人物性格的地方，我忍受了他们花十分钟让一碗马肉汤，来宣扬这个团队的凝聚力，因为我已经忍了孔子二十九代弟子孔融让一只梨的故事贯穿了我整个童年的时光。

而任泉扮演的颜回最后居然为了多捞几卷文书，在冰水里冻死了，这不是感人，这是愚蠢。在前戏没有做够、过程乏善可陈的情况下，主人公就爽死了，这是不合逻辑的。在理想刻画得不够成功的情况下，这是毫无人性光环的桥段。放到现代电影里，就好比领导家被火烧了，领导的秘书冲进火海，救出了一本祖传善本；出来一看只救出了上卷，于是又冲了进去；又救出一本，出来一看妈的原来不是上下卷，自己救出的是一本中卷；于是明知道房子要塌了自己不行了，又冲了进去，然后房子就塌了他就死了。

作为观众，你认为你能哭么？周迅的出场完全是因为制片方认为要加一个女人才能丰富电影，周迅扮演的南子对着孔子调情半天，但是子光曰不日，急死我了。最后南子的结局是不知道为什么被射死。

我给《孔子》打了两分，首先，为了周润发之前在《阿郎的故事》中的精彩演出，鼓励这部电影一分，我想周润发的"不哭不是人"的说法用在《阿郎的故事》中是成立的。最后，因为导演是女性，也鼓励一分。

但是不得不说，无论是《孔子》或者另外一位女导演的《我是刘跃进》，这两位女性导演对于非情感类电影，尤其是比较庞杂的电影的把握能力都比较差，我不是特别理解她们为什么不去拍一些爱情电影或者生活电影，这是女导演的长项，类似张艾嘉的《心动》和许鞍华的《天水围的日与夜》都是女导演的好电影。女人何苦为难女人自己。

最后，我想说，《孔子》这部电影，无论从拍摄意义、商业利润、艺术追求、电影探索、教育启蒙、警世感人、视听震撼、娱乐消遣、记录历史等任何一个角度，都没有存在的必要，是一部完全可以抹去的电影。

2010年1月25日

　　以前往往发现一个五毛党，大家就可以围观圈养起来，但是现在随着上删下刷，在个别地方甚至出现了被五毛党围观的景象。

你是小明吗

　　最近不知道大家注意到没有，网络上各大论坛和新闻评论里，五毛党越来越多了。当然，我不赞同把凡是和你持不同意见的人叫五毛党，但是五毛党还是很好认的，因为出卖灵魂的人，尤其是廉价出卖灵魂的人，他们的言语是没有根基的，他们的高潮是没有前戏的。起初发现这个现象，我很疑惑，以为是相关部门加大了投入，但是，看到了一条新闻，原来是经济危机波及到了五毛党。《中国衡阳党建网网评员管理办法》第五章第十七条最新指出，网评员的标准为0.1元一条。可以想见，全国五毛党可能普遍下调了待遇，这也可以解释为什么感觉突然间多了五倍的五毛党，其实人还是那些，但是他们都在超负荷工作。以前往往发现一个五毛党，大家就可以围观圈养起来，但是现在随着上删下刷，在个别地方甚至出现了被五毛党围观的景象。

按照机密文件《五毛构成》里所言，50个写作高手、100个写作好手、500个外围写手构成一个五毛旅。这次涌现的五毛党们，经过我的判断，还是以"外围写手"为主，但是时不时会出现几个"写作好手"出来试水。至于"写作高手"，应该是在系统内有相应职务的，他们至今出手的还不多。当然，主要原因是过年忙着应酬收礼。

近期五毛党的泛滥也是我开通新浪微博的一个原因，一来是因为五毛党对于新兴事物的反应比较迟缓，相信注册和登录QQ对于很多"写作好手"来说已经是极限操作了。另外一方面，微博没有匿名发言，他们普遍害怕注册。最重要的是，万一他们在微博阵地中表现突出，上头指示要巩固阵地，必须手机绑定时刻引导舆论，这对于他们来说是灭顶之灾。本来就只有一毛一条了，这下好，发个短信引导一下正好一毛钱，算上手机充电的电费，里外还要亏损几厘钱。大家不要嘲笑他们，他们一毛钱就能卖身，一千块就能卖肾了，对于他们，几厘也是钱。他们才是真正地活在最底层但是和统治阶级有着最高度统一思想的物种。

对于五毛党，我有着不同的见解。首先，我认为我们要允许五毛党的存在，每个人都有权利雇用别人为自己说话，每个被雇用者都有权利在任何地方说话。你如果能够把小明打一顿，然后用从小明身上搜刮来的钱雇个人再把小明骂一顿，这也算是你的本事。任何一个政府，都有为它宣传的机构，这是情有可原的。但是五毛党完全是政府的败笔，我以前以为五毛党的出现是为了引导舆论，现在想来我错了，因为你不会因为看见一堆人围着在吃屎而挤进去吃一口。五毛党本是中高层麻痹讨好最高层的产物，但随着五毛党的横行，很多光辉正确的人士只要一开口，明明是免费的，结果全都变成了五毛党，这严重打击了他们的积极性。本来进酒店开个房间一夜情，完事了出门全世界都说你是鸡，这种打击不言而喻。

最后我将去挑选一些言论，分辨一下哪个是外围写手写的，哪个是写作好手写的，哪个是爱国青年写的，哪个是无知少女写的，哪个是不高兴写的，哪个是没头脑写的。但是如果我冤枉了你，你是义务的，那么真的没有办法。谁让你的主子认为，和你一样的见解能值一毛钱呢？

2010年2月7日

从来没有一个国家的电影像我们的电影一样，大部分电影只要一听到名字，还没开拍就可以知道故事的结局和人物的命运。

感谢你，孔子

今天我去电影院，本来想看《锦衣卫》，但是可能我真的已经对国产的古代大片失去了兴趣，买了一张韩国电影《母亲》的碟以后就回家了。但是我欣喜地发现，《孔子》已经下线了。这意味着，这部电影在商业上彻底失败了。

《孔子》的失败是必然的，从强制《阿凡达》下线，到导演的"阿凡达除了特技没有什么好看的"、"一群小精灵飞来飞去"、"当然的，（我成为国内第一个票房过亿的女导演）这有什么疑问吗"、"（历史上子路和南子都不是这样死的）这个人根本不懂电影，还专家呢，是砖家吧，这个人一看就是门外汉，他大可不必这样沽名钓誉"、"中国人都要看《孔子》"、"相信大家都会作出正确的选择"，到编剧对所有质疑的驳斥（事实上，编剧的失败是这部电影最大的失败），到制片方说差评是因为另外一部国产电影花钱策划的诬陷，到对票房的谎报，乃至到最后，对待那些对于影片拍摄制作质量质疑的观众，统统拿着对先圣大不敬、不尊重传统文化、欺师灭祖没有道德的帽子乱扣，这可能是新中国建国以来素质最差、对观众最不尊重、公关最失败、最没有儒家风范的剧组。这样一群各自心怀小九九的人，居然九九归一，凑在一起拍《孔子》，可能他们对孔子的最大认识就是要帮助统治阶级教化人民吧。在评论这部电影的时候，我已经竭力避免评论孔子这个人物，他绝对是比哈姆雷特更说不清楚的一个人物。这部电影除了演员们的表演尚可以外，其他方面都是一塌糊涂。如果这样的一部电影成功了，那么势必会产生拍摄《老子》《庄子》《孟子》《墨子》的热潮，这些电影非常无趣，并且消耗巨大的资源，对于正在发展的中国电影事业来说是巨大的倒退。

《孔子》的失败对于中国电影是个绝对利好的消息，很可能是中国电影的转折。谢谢你们，孔子剧组。

当人家欧美的商业电影越来越带有人文气息的时候，我们那些还在挖坟的国产电影怎么可能去抗衡。用未来有情怀、有人文气息的优秀国产文艺片去对抗未来的进口大片，才是中国电影的真正出路。

2010年2月8日

我们总是把送外国人一点土特产当成在给外国人输出文化了。

答记者问：送点土特产

1. 你之前不开微博，而现在开是为什么？（内媒）

之前不开是因为接受不了每一篇深情款款的博客文章的最后冒出一句描红加粗的：

我最近在玩新浪微博，很酷，很新潮。

这就像演出完美结束刚谢幕就坠台了，比赛顺利完成刚冲线就撞墙了。

2. 你说现在流行拜金主义很好，为什么？（内媒）

因为大家很现实，很多年轻人的理想就是房子一套。大家都只想着要有钱。一个人完全可以用几十年去寻找信仰，在这个时期里，没有信仰，一定比有着错误的信仰要强。

3. 但是拜金主义导致了毒奶粉等东西的横行，危害了国家。（内媒，这个问题很聪明）

你转移问题了，如果"想赚钱"和"做坏事"之间总能联系起来，那只能说明失职，而不是什么主义不主义、思想不思想、文化不文化、信仰不信仰的问题。

4. 从最近网上的一些言论来看，好像中国人都很反对美国，是这样的吗？（外媒）

你可以把那些人召集起来，免费发发绿卡看看什么效果。事实上，至少我知道的现在那些接触资讯比较多的年轻人，他们都能保持自己独立的判断。以前的中国，大家信奉的是，首先我是一个中国人，其次我是一个某地人。第一句对外，第二句对内，骂成一团。现在的中国年轻人，他们已经慢慢明白了首先我是人，其次我是一个中国人。包括我的父母，事实上在国际问题上，他们总是一个亲美，一个反美，但并不妨碍他们的性生活并把我生了下来，我生下来以后保持中立。这样不很好么？

5. 你认为中国没有好的文化作品是因为中国审查的尺度太严格，但是很多国家对世界有影响的好作品都出自于这个国家并不完全自由的时期，而很多全自由的国家反而没有好的文学作品涌现，你觉得呢？（来自外媒，这个问题很好，以下回答综合了其他一些问题的回答）

事实上，你说得很对。没有审查不一定能出好作品，但特别严格的审查一定出不了好作品。除非不想在国内混了。一来中文存在翻译的问题，比如拉丁语系国家，这个国家不让我出版，我可以在其他国家出版并且获得世界上的成功，情况有所不同。二来就像作曲，很多国家的作曲家有哆来咪发少拉稀，但我们国家只有少拉稀；网络时代到来以后，逐渐放开一些，有了咪发少拉稀，不是不能写出好曲子，但难度肯定增加了。因为每一个作家、每一个导演、每一个编剧在落笔的时候都会想，我这段内容能不能通过审查？所有的编剧都知道一个信条，那就是市长可以是坏人，但市委书记一定要是好人，而且最后纪委一定要把坏人抓走。在物价和生活压力这么大的年代，大家势必更加小心翼翼，生怕龙颜大怒，自己丢了饭碗。当然，这也是中国比以前进步的地方。

事实上，这不是电影局的责任，也不是作家协会的责任，这不是谁的责任，但这是我们大家的责任。

没有真正强大的文化，没有真正输出的作品，外国人看你永远像你看山西煤老板一样。

中国之真正强大，除非十三亿人一人一辆奔驰，否则就取决于现阶段有没有真正让全世界信服的文化作品。这需要所有的文化人和官方共同的努力。我们从来不缺好的艺术家，当然可能我不是，但一定有一批人是。哪怕是批评你的作品，你一样扶持它，这样的文化部门才是受人尊敬的。要不然你打算永远靠熊猫和茶叶去感动全世界吗?

我们总是把送外国人一点土特产当成在给外国人输出文化了。

2010年2月11日

让我爸爸模仿我签名还是不大像的，但我模仿我父亲的签名一定比较接近，因为上学的时候老师都要求父母在试卷上签名，所以，嘿嘿。

关于小书店

感谢大家为杂志想名字，我都看了，选了几个还不错的在研究。但现在有些后悔，因为没想到大家会那么踊跃，如此一来导致用什么名字都会引起不满，就像我给朋友的孩子起的名字朋友从来都不用是一个心情。

有些朋友起的名字也非常的意味深长，比如有人就说，杂志叫《乃大》好，有容乃大嘛，但是有个问题，对于女性读者来说，买这书就成了问题，"老板，我要乃大，"这实在不好开口。

另外感谢读者对于网店的支持，我没有想到会出现那么多的新闻，而且有些新闻很会揣摩。因为这对我来说实在不算是任何的事业或者所谓的开辟一条新道路。最早的想法是可以弥补多年不签售给读者造成的遗憾，也可以让退休的妈妈有些事情做。

因为我母亲是个闲不下来的人，让她象征性地做一些所谓的管理工作，顺便也可以解决两三个亲朋好友的就业问题，因为金融危机的影响他们的工作都不是很顺利。对于新闻里出现的很多猜测，我也非常理解，但是非常无奈。

有新闻说，网友爆料我是因为和出版商闹掰了所以要处理库存，为了增加真实性，他还制造了数据，说库存有5万本。我想他并不是特别了解出版行业。

首先，我不是一个自费作者，我不要包销；其次我的书大部分都出版了多年了，都是根据市场的需要来逐步加印的，不会有出版社和你一样脑残，一下子多印出5万本来，也就是说，如果你个人要买5万本我的书，全国的库存可能只能给你调来5000本。你还需要等一个月的印刷周期。

对我来说，就算和任何出版商闹掰了也不存在库存需要我来处理的事情，也马上会有无数的出版商或者出版社和我联系要求出版。一些书我自己都进不到货。所以在网店上就经常会出现书严重不齐或者只能进到一两百本这样的情况。

也有新闻说我生财有道，我想他们是抬举我了；也有人说我是太穷了，要多赚钱，我想他们是小看我了。很显然我是一个散财有道生财无道的人。

这样的一家小店，前几天的销量当然会比较好，等到稳定下来以后，一年的预计销量大概是一万本到两万本，再多就耗费我太多签名的时间了，而且人员会不够。

一年毛利润大概是十万到二十万之间，因为具体的事务非常琐碎，所以有四个工作人员。扣除人员的工资以后，我希望这家店不要亏损；如果真赚钱了，那可能有几千块几万块，我随便推掉的每一个商业活动或者讲座就值二三十万，我再缺钱也不缺这上万块，谢谢大家。

但我需要签名三万字，如果这三万字去写东西了，我想我可以获得超过百万的版税稿费收入。所以这对我本人来说并不是一件实惠的商业运作，如果我指望着这个发财，那我真是太笨了。这不像有人分析的一样，是一个新新产业，还是那句话，如果它真能挣到钱，那个谁早就这么干了。

也希望其他作家不要效仿，我现在已经有点后悔了。畅销书作家也不在乎那几万块，不畅销书作家弄不好还要亏损，劳心劳神，没有必要。

另外还有新闻说签名是我父亲签的，就像最早的时候有人说，《三重门》是我父亲写的，我的博客是幕后一个策划团队操作的，我的文章是枪手写的，幸亏没人说我比赛的时候头盔里那个不是我本人。

还有人拿出了几年前我给他签售的书来对比字迹。因为我本人没有设计过我的签名，所以可能比较随意，就好比大家对比最早时候《三重门》印刷在书上的签名和后期《光荣日》上印刷的签名就已经有很大的差别。

在早期签售的现场，签字也会随着疲劳程度或者姑娘的漂亮程度产生很大的变化。

我在外地比赛的时候，遇到过几百个小学生围着我要签名（都不认识我，凑热闹者居多），每个人手里都拿着纸，到后来就签成一条线了。

我自己也常备认真、比较认真、简单、特别简单、乱来、一条线这六种签名方法，假如你买了两本，你可能会发现两本还有一些签名上的出入，可能一个潦草些一个工整些，一个硬点一个软点，这些都视乎我的心情而定。

在此我自己爆料先，我父亲的字的确和我的有点相似。

我爸爸的字很漂亮，我小时候写字难看，我爸爸逼我练字，当时就是临摹他的字开始的，当然，到了后来我就青出于蓝而胜于蓝了。

为了避嫌，我都没让我父亲开单子，怕人误会。让我爸爸模仿我签名还是不大像的，但我模仿我父亲的签名一定比较接近，因为上学的时候老师都要求父母在试卷上签名，所以，嘿嘿。

前几天的1800本书很快卖断货了，其实后来补充的上千本早就已经到位了，至今没有上架是因为我这些天比较忙，一直比较忙没有能够回去签。如果是我赶着赚钱加上父亲代签，早就可以趁热上架了，不至于一直断货。

当然，如果有读者要求在书上多一个我父亲的签名，我想我父亲还是很乐意的，大家就可以好好对比对比，揣摩揣摩。但是爆这个料的至少是我的读者，我为他们身上所具备的怀疑精神感到非常高兴。我是认真的。

还有人揣摩说，小店成交了一千多本，怎么只有80个交易完成，是在造假。这……我想这位爆料者可能不太熟悉网上购物的流程和快递需要的时间，我就不解释了，大家都知道。

另外，由于经验不足，所以发货的时候发生了一些失误，有的人还给快递过去了两套。有一位读者很好，寄了回来，我很感动，会送上一些礼物。同时希望大家对于发货的时间不要太过紧逼，谢谢大家的理解。

最后，我的问题都在这个文章里回答了，相信已经回答了所有的疑问，感谢为我的小店做了宣传的媒体朋友们。

　　但这真的不是什么大事，也不是什么大产业，更不是什么商业课题，我要做的事是别的。我个人其实很不喜欢这样琐碎的吃力不讨好的而且容易引起猜测的事，但我必须要做这个。

　　关于这个小破店就到此为止了。没有料但又特别喜欢爆料的朋友希望你们善待自己的想象力，和我一样写书吧。

2009年4月24日

　　这些道路，早修一定不行，万一修得太早，一定会被我们中国人在世博会之前又把道路压坏的。

被迫盼世博

　　晚上从家里去浦东，发现沪杭高速上海段要全线封路修路一年。因为松江和莘庄的互相扯皮，所以造就了通往市区只有一条两车道的隧道。我曾经七点多从朋友家出发想去一公里外的大超市吃个饭，结果这一公里开了两个多小时，导致超市已经关门。地面道路很难走，决定转A9。出了高速，因为已经是晚上，所以延安路高架封路；转内环线开到吴中路，结果吴中路出口封路；掉头走杨浦大桥，发现内圈也封路；在地面蹭了一段想走南北高架，结果南北高架也封路；地面也到处在修路，想重新上延安高架，还是在封路；好不容易走地面蹭到了延安路隧道，结果连延安路隧道也封路。幸亏还有复兴路隧道，要不然只能游过去了。好不容易到了浦东，浦东大道又修路。终于，我的导航死机了。上海的路况能把原车的硬盘导航仪都弄晕菜，不简单。

这些道路，早修一定不行，万一修得太早，一定会被我们中国人在世博会之前又把道路压坏的。我从来没有这么急切地盼望世博会的到来。

当然，我建议，在这一年内，上海市政府不应该再征收A4、A9、A11的高速公路费，因为太过拥堵，效率低下，所以我认为它们在这一年内已经不能被认定是高速公路了。另外，因为太多的道路通行不到，我认为上海的道路通行费也应该停收。最后，我邀请少数老外们提前来中国一年，感受最真实的上海，和我们一起这样迎世博。迎着迎着，突然，你会看见，一夜之间，这个城市又变得美好了，那是因为你们的大部队终于来了。

2009年5月21日

　　一分虽少，也是拼来的，如果最后赛会执意取消我的比赛成绩，那我只有退出CTCC的比赛了，这样明显的组委会技术失误需要车手来承担是不公平的。

遗憾的比赛

　　今年的中国房车锦标赛CTCC第一场结束了，非常非常失望。我们的新赛车没有准备好，印象中似乎每年都是这样，希望下场比赛能用上正经的赛车。临时上场的是三辆老款的拉力赛车，排位赛排在倒数一二三，正赛的时候我的赛车因为避震器故障，车辆侧倾非常厉害，导致到25圈的时候轮胎已经寿命终结了。到最后的第32圈，轮胎上所有橡胶已经磨损完毕，只剩下轮胎钢丝在地上开，没有任何的办法转向，连进维修区都很困难。现场来看比赛的我的朋友们和读者们，我感到非常非常抱歉。

　　最后拿到了第八名，虽然是史上最差的成绩，但是毕竟有一分，我也很高兴，但是比赛后，车队告诉我，我可怜的一分也被取消了，因为我的发动机转速超过了限定转速7000多转，也就是说，我的发动机转速达到了9000转。我想说，这是不可能的，因为我们的拉力赛车是几乎原装的发动机，电脑在7000转就断油了，而且我们的表盘刻度也都只有7000转。如果原装的发动机能有9000转，这引擎早就爆缸了，我的时间也不至于这样慢了。况且我们车队三辆车，都是一样的发动机一样的变速箱，我和队友的圈速以及极速几乎都是相同的，怎么可能他7000转我9000转。

所以，很明显的，装在我这辆车上的数据记录的传感仪是有问题的，可能坏了可能中毒了可能受到了干扰可能……一分虽少，也是拼来的，如果最后赛会执意取消我的比赛成绩，那我只有退出CTCC的比赛了，这样明显的组委会技术失误需要车手来承担是不公平的。无论以后我得到什么样的成绩，说超转就超转，说取消就取消，那我以后的比赛就没有任何意义了，无论如何都是输。去年已经有过一次因为我的车窗有点抖就将我一面黑棋挥下，导致我彻底失去年度冠军的希望，今年第一场就如此，我非常非常遗憾。

2009年5月25日

而你在最好的时光里离开了，这也是最好的事情。好风光似幻似虚，多一分钟又如何，你了把它留住了，但我不会输你的。

致徐浪：
生活像跳楼一样往下延续

很快徐浪就去世一周年多了，在周年的时候，我写过一篇文章，只是我觉得写得太过残忍，最后没有发表，决定用在小说里，所谓艺术，总是更加宽容。

和徐浪的最后一次见面，我和他赌一百块钱，看我停在楼下的车会不会被贴条，最后他输了。上海的拉力赛他因为变速箱故障，在维修区被罚时200秒，他依然假装兴高采烈。

我们的生活依然像跳楼一样往下延续，他是最先接触到地面的人。所有的力量只能决定我们在空中的姿态，成功失败就是好看难看的区别，新生活只是将朝着地的脸仰望向天空。

当我再看见徐浪时，我心中并不难过。我想对他说，我和你看到的人都在最好的时光里，我们都很开心，而你在最好的时光里离开了，这也是最好的事情。好风光似幻似虚，多一分钟又如何，你丫把它留住了，但我不会输你的。

2009年6月25日

我们需要做的就是淘汰弱者，留下强者，而不是大家一起变成弱者。弱者再怎么打架都不好看。

毫无保留

第二场CTCC开始了。中汽联很无耻，居然以没有收到车队的投诉费为理由来推脱，幸亏这世界上还有汇款单。熟悉机械原理的朋友都知道，原厂发动机，不准加大水箱，不准加机油散热器，还有比原厂直径更小的限制口，要让发动机转速超过7000转都很难，何况有八次的9000转，早就爆缸八次了。私底下，他们也觉得是他们仪器的偶发故障，但可能觉得改判有损他们的面子，所以赖皮不成改赖账了。连公安部偶然都会忍痛承认冤案，区区一个中汽联居然连点坦诚和勇气都没有。

这场比赛我们车队的新赛车终于做出来了，但调试的结果不是很好，电脑和操控一直有很大的问题，尤其是发动机一直非常没力，我用出最大力量只能排在第七。和之前不一样的是，有人说我无心恋战，其实我真的是毫无保留地在驾驶。去年在这个赛道很轻松地拿了赛道的单圈记录，杆位和冠军，还有所保留，今年真的是用了全力。弯速再多一公里就要冲出赛道了，但结果还是让我很失望。希望明天引擎可以顺利工作，虽然车队很多地方没有做好，但是我希望和这支相处很久的车队一起共渡难关。

　　另外，我们的赛车去测功机上测试了一下马力，才70多千瓦，就是110多马力，只有去年赛车的一半。作为一个国家的顶级职业锦标赛，赛车的马力居然只有110匹，绝对是耻辱。顶级的职业赛车不应该是亲民的，不是大家用民用车来比，顶级赛事就应该是高高在上，完全区别于民用车的速度，这样观众才有仪式感和愉悦感，否则实在不上台面。赛车如果不快了，那这个运动一定会死，竞争激烈也必须建立在速度上，你不能为了竞争，向弱队看齐。这个运动不是同情弱者的运动，如果一直要照顾那些小车队，这个运动一定会被连累的，我们需要做的就是淘汰弱者，留下强者，而不是大家一起变成弱者。弱者再怎么打架都不好看。去年是基亚尼桑、大众333、778起亚三支车队强大，今年改了规则，还是这三支车队跑在前面，区别就是车速骤降，非常难看，而且以前的配件和赛车全部作废，大家又要重新花钱做赛车。弱者永远是弱者，你就算为他们制定了游戏规则，他们还是弱者。110马力的赛车在全世界范围内都是笑话。

　　当然，如果哪天我也是弱者，欢迎年轻的新人们淘汰我，我愿赌服输的。当然，我愿赌是因为我知道不会输的。

　　在今天CTCC的垫赛POLO杯新人赛中，我表弟沈超终于获得了第一回合的第一名，第二名和第三名也出自同一期培训班，我都是教练。我很开心他们今天的胜利，希望将所有我所知道的和大家共享，希望他们早日从POLO杯的比赛里出头和升级，我将会在CTCC中等待他们的挑战。

2009年6月27日

欺负我一次没问题，欺负我两次没问题，你再要欺负我以为我是受虐狂啊。

必须竖中指

在昨天CTCC的比赛后，仲裁问我，你是不是当众做了侮辱性的动作，要罚款一万。我说是的，我不像有些地方，不会当众做侮辱性手势，只会私下做侮辱性勾当。我只恨自己只有两个手，只能竖出两个中指来，而且当时还在打电话，无奈占用了一个中指。包括大车上说组织管理者是无耻无能无赖的三无产品也是我的意思。

以前我不能理解，为什么很多弱势群体要在窗上挂横幅，要用跳楼来讨工资。我想，有很多正当的途径可以解决啊。现在才知道，真的没有什么途径，当还算不那么弱势的我面对一个半官方机构的时候已经无能为力，何况纯弱势群体的老百姓面对官方机构了。但是，我实在忍不住了，欺负我一次没问题，欺负我两次没问题，你再要欺负我以为我是受虐狂啊。

1. 去年的比赛，我的赛车因为车窗是打开的，被风吹得有点颤动，被罚通过维修区，彻底失去年度冠军的希望。理由是万一掉下来影响后面的赛车（我们的窗都是塑料的）。之后的赛事里，有的赛车拖着前保险杠，有的赛车拖着后保险杠，有的赛车拖着裙边在比赛，都未被召回。

2. 今年的比赛，在理论和技术上发动机都不可能到达9000转甚至无法超过7000转的情况下，判罚者非要说我8次引擎超过9000转，包括其他车队的技术人员和发动机工程师都觉得非常可笑，最终给我的理由是我无法证明我没有超过9000转。很明显，到9000转对于今年规则下的赛车来说是违背了物理原理的。你硬说我会飞我也的确没有办法证明我不会飞。赛会因为面子上挂不住所以不肯改判。

3. 赛后有另外两辆赛车是明显违规的，因为规则规定，避震的机构必须遵循原厂车。

在原厂车中，他们的赛车的后避震器的弹簧和避震芯是分开的，是在两个地方的，他们将这两个放在了一起。这个违规改装对于赛车速度的提升帮助很大，我们赛车就是因为一直没有解决这个问题，但是又要遵循规则，所以操控很差，而且还有弹簧移位的危险。大会给出的解释是，保留该车队成绩，只要下一场改回去就行了。原来体育运动还有这一场吃禁药算了，下一场别吃了就行了的说法。

4. 后来2000CC的比赛中，有不少车手都脱水了。排名第一的车手在最后的半圈因为无法坚持被救护车拉走，第二辆救护车等了超过十五分钟，整个赛事没有医疗中心。在结束比赛等待称重的过程中，依然禁止车手饮水。虽然饮水会导致重量的增加，但是我认为在赛事不设有医疗中心的情况下，车手是应该要饮水的，最多称重时减掉一瓶水的重量嘛。将近一个小时的比赛，车厢温度超过60度，还穿着非常厚的赛服，气温超过35度，气压又非常高，再不喝水会出问题的。

5. 对于碰撞的判罚非常不专业，这点我相信大部分车手都深有体会。

6. 赛会的规则改来改去，说是要减小各车队间的差距，但永远行不通。拿这场比赛来说，第一名领先了第二名27秒，第四名已经落后了一圈，最后获得积分的第八名居然落后了八圈，赛车还没我平时开的民用车快，这样的比赛比个毛啊。

7. 在全国汽车拉力锦标赛中，规则说不能提前勘路，但是非常多的车手都提前勘路，甚至直接就住在赛道里。外援们都很好奇，以前自己的比赛提前一个星期准备，怎么中国的比赛要提前一个月准备。我们在国外训练的时候，外国车手直接告诉我们，这个赛道可不像你们中国，可以提前勘路，我们按照规则的，所以你们中国车手要小心哦。我觉得非常耻辱。在四年前我和王睿就说好我们是不提前勘路的，但因为几十公里的赛段，比赛的时候我们是第一次跑，对手往往已经在上面来回几十次了。所以第一赛段第二赛段第三赛段经常要输掉对手将近一分钟，一直到第二遍第三遍重复使用的时候才能把时间追回来。提前勘路的习惯由来已久，最早的时候是所谓中国车王卢宁军，在我还没有加入之前的上海大众333车队也一度在赛道里一住就是半个月，其他车队也是这样，这样做对于遵守规则的车手是很不公平的，他们一上来就面临着一分钟的损失。我于2003年3月第一次参加汽车拉力赛的时候，就因为"前辈"的指点，说要提前勘路熟悉熟悉，所以提前看过上海松江区的赛道，来回四遍。除此以外，2003—2009年的比赛中，我均未提前勘路。

8. 赛会对违规改装完全视而不见，很多违规改装是肉眼都能看出来，耳朵都能听出来的。但赛会本着"和谐赛车"的原则，以及在某些非常有倾向的技术工作人员或者车检人员的合作下，中国几乎没有出现过违规，就算有，也就是某些私人小车队当当替罪羊。每当有国际赛事的时候，某些车队还得诚惶诚恐地把车按照规则改回去，因为国外的车检非常严格。

还有诸多问题，以上只是我暂时能想到的，不再往下写是

因为……我饿了。但我热爱这个运动，我希望这个运动能发展到
我参与其中是我的光荣。我希望这个运动越来越好，越来越专
业，越来越公平，到那天我一定会换一个手指。

2009年6月29日

人生一场就是在不同的时候竖起不同的手指而已。

我回来了

很开心在北京赢得了全国汽车拉力锦标赛的第一个国际组中国车手冠军，也为FCACA车队赢得了第一个车手的第一。

前年的北京站徐浪在国际组获得了胜利，我在国家杯拿了亚军。2003年，我用自己的三菱EVO5代参加比赛，但是因为一直是自己花钱，车完全没有到达赛车的级别，所以成绩不是很好，只能偶然做出快的赛段时间，随后车就坏了。

2004年，上海大众333车队收留了我，参加S组，也就是现在的国家杯的比赛。虽然那个组别我认为高手也许更多，也获得了一些分站的冠军，但是在N组获胜的意义更大。

因为我是从N组开始我的比赛的，五年前无论因为什么原因，我没有如愿，但如今我回来了。上一站CTCC竖了一个中指，这一站CRC终于能够竖起食指，人生一场就是在不同的时候竖起不同的手指而已。

这场运气不是很好的王睿赛后对我说，无论他赢我赢，他都很高兴，因为这代表了在N组里，正义的力量开始有机会。正义代表了赛前不非法勘路和赛车不非法改装。当然，如果无意冒犯了有的车队，那请你们不用原谅我。虽然这力量还很渺小，虽然下一站或者下下站，我们可能无法得到冠军，甚至有可能我们会因为没有提前进赛道练过车而撞车，但无论如何，我们是问心无愧地在比赛，我们不做任何违反规则的事情，我们不做任何损害其他车手利益的事情，我们不做任何对其他车队不公平的事情。我们热爱这个运动，在很多人都不遵守游戏规则的时候，我们像两个傻B一样坚持原则。我们只是偶然竖一个中指，但是我们却被官方形容成最没有素质的车手。

中汽联决定从下一站开始严格监督和处罚赛前提前勘路，希望他们做到。

最后，进入维修区后，车队经理北极虾抱着我激动流泪。他是一个很好很正派的人，承受着巨大的压力，终于赢来了车队的第一个车手冠军。当时他紧紧地抱着我，虽然我很感动，由衷为他高兴，但是我也很手足无措，因为第一次有男人抱着我流泪，我实在是不能擦拭他的眼泪，吻干他的泪痕……

这也是我期待多年的一个胜利，希望可以再有，再有，再有，再有……会有很多的省略号。在我等待的时间里，三菱EVO都已经从5代进化到了10代，无论汽车如何换代，都无妨我的热爱。

2009年7月11日

每一个活着的车手都将受到那些死去的车手们的恩泽。

500年前

前天的日全食被选在周末登陆的台风伊莫拉给搞黄了。幸亏那个时间段我没有在试车，否则我都不知道赛车的大灯开关在哪里。今天和队友王睿说起，王睿说，重庆那里应该能看到。我说，看不看太阳根本无所谓，这段时间里其实应该花十五分钟和心上人做一个最简短的爱，这样日后就可以大言不惭地对别人说，想当年，我年轻的时候和女朋友上床，时间最短的一次都从天亮做到了天黑又做到了天亮。所以我认为，年轻的情侣们起大早跑到街上去看日全食绝对是失策。望文生义，日全食当然要日全时嘛。

新的CTCC上海站要开始，这次一直没有去试车，下午去热了热身。可以做出差不多最快的时间，希望对手不要再快了，好让我有时间去玩。天马珠海和北京的赛车场我都赢过了，就让我赢下上海国际赛车场吧。我们组别的赛车今年好慢，我在场边看的时候过来每辆车我都以为他们坏了。希望我的朋友们不要来看比赛，哪怕我拿杆位也不要来，以免影响你们对赛车运动的印象。看了今年的CTCC，老是有朋友问我，为什么不再开快一点，我说他妈跑完整个赛车场就刹了一脚车，其余时间都是全油的，我的队友油门踩得袜子都破了一个洞。好怀念我去年的赛车。虽然我们今年的赛车还没有街上的冰激凌车快，但我也将忍辱偷生，用最职业的态度完成今年的比赛。快慢在天，输赢看人。至于比赛，大家明年再来看吧。另外是最近经常收到一些让我去做选美评委的邀请，但是抱歉，本人不会担任评委工作，哪怕选美的泳装专场也是一样。另外有关于电影、电视剧本创作或者剧本监制我也不会担任。承蒙大家的厚爱。

在上周的世界汽车运动中，保加利亚拉力赛中一位领航员因为撞车而死亡，车手受伤。在F2的比赛中，也有车手因为被失控撞墙的前车轮胎砸中头部而死。这些时间不断有同行因为意外而离开我们。这些车手们的死去推动着汽车运动安全的改革，从最基础的防滚架到六点安全带，到头盔和护具、防火的衣物，再到赛车的安全构造和HANS系统，这些都是重大事故换取的进步。每一个活着的车手都将受到那些死去的车手们的恩泽。

2009年7月25日

　　如果你想做坏事，又害怕舆论监督尤其是互联网监督，那就去做别人干过的坏事吧。

千万不要带头干坏事

　　今天参加在杭州黄龙体育场举行的中国车手王中王比赛，由于睡过了头，所以没有能够参加抽签和勘路，但是大家都很客气，唯独抽剩下了一号车。但是没看路比较吃亏，因为其他人都已经开着比赛用车在上面练习了几圈了。正赛的时候第一次开，左右都有点迷糊。好在预赛的第二次终于认得路了，排位在第三。

　　今天的淘汰赛中，第一轮我赢得很轻松，第二轮遇到了很优秀的车手刘曹东。最后反正肉眼没能分别出来谁赢了，后来知道我输了，真的是一根鸟毛的差距。差距应该在零点零一秒以内，很遗憾。因为找不到厕所，一直憋着嘘嘘，早知道就找个角落先去减减重了。最后刘曹东获得了王中王的总冠军，恭喜他。

杭州是我喜欢的城市。今天去西湖边瞎逛，正要过马路，还惦记着要找个人行道，突然醒悟过来，在杭州走人行道应该是最危险的事，为了保命，我就乱穿马路了。当然，这也充分说明了坏事应该怎么做——如果你想做坏事，又害怕舆论监督尤其是互联网监督，那就去做别人干过的坏事吧。比如这次撞人，汽车牌子更好，人行道的名字更恶搞，飞得更加远，一样也是70码，但因为是梅开二度，重复劳动，所以就没有第一次那么引人注目。千万不要带头干坏事，一定要跟着干坏事。

2009年8月8日

得之我幸，不得我不信，再不得我不幸，无非就是这样。

几多事

第一，最新杂文集书名叫《可爱的洪水猛兽》。这个名字是在北京的京承高速上起的。一转眼已经到了广州的佛冈参加比赛。想来今年这么多的城市都去了，上海，北京，南京，广州，××，××，××，××，回头一想怎么都是差不多的情况，不得安生。

第二，杂志一直延误，是因为我们尚未得到刊号。应该会很快了，这是身不由己的事情。

第三，今次终于弄丢了我戴了多年的眼镜。我一直舍不得更换，我相信它后来的形状一定不是它最初的形状。每次不小心掉地上动静都很大，因为一定会分成三个部分。最终还是有了一副新眼镜。有过一万种假设也未曾想它是以这样的方式退役。

第四，我在南方住的酒店好大的床，可以侧着转三个圈。洗手间的淋浴房也好大，洗完澡只湿一半地。南方的城市都几多相像，破旧的公寓阳台上开满鲜花，我骑着车队的单车每天都要湿透三件衣服。我战略储备的衣服到今晚就结束。让酒店去洗。服务员送来鲜花，说要祝节日快乐。多少这样的事情，无情人终成眷属，有情人却成陌路。愿所有我的读者都可以让中意的人变成枕边的人，十年修得同船渡，百年修得共枕眠，千年修得同性恋，但两百年绝对修不成三个人共枕眠，也修不成3P。希望你们都能修成你们想修的样子。

第五，这次的勘路发现又有一个超快的柏油路赛段，快到一直在最高的档位里整个赛段只需要踩两脚刹车。希望可以继续在柏油路面上获胜，我不知道自己能不能做到。在拉力赛场上其实我可以更快的，只是对我来说有太大的压力，我有太多未完的事情。如果没有任何的顾虑和牵挂，我可以更快的。当我有了小孩，完成了理想，确保家人和女人可以余生无忧以后，我会展示我可以达到的速度的。我在很多赛段里很害怕，垂直的悬崖，水库，高速赛段旁边的大树，山壁，我都害怕，我也不曾百分之一百信任我的赛车不会出机械问题。可能以前我驾驶得太安全了，太在我的能力范围之内了，这场比赛希望我能只顾着往前推进，当然尽量别撞上什么东西。得之我幸，不得我不信，再不得我不幸，无非就是这样。

2009年8月27日

就算得不到这个称号，也能让中国变成世界上比较快的国家。

让中国变成世界上比较快的国家

来北京的时候突然下雪了，这个夏天正式结束，没有任何的过渡。明天要在鸟巢里进行ROC世界车王争霸赛的比赛。

昨天是中国车王争霸赛，前两名就可以代表中国队参加世界车王挑战赛。第一场和周勇，第二场和任志国，第三场和刘洋都比较顺利地赢了，最后一场和华裔车手董荷斌对决中，变速箱出了点小故障，卡在了两挡里，遗憾没有获胜。但是今天我们就是队友，这个队友非常快。

我们代表中国队和世界各个赛车最强国家角逐"世界上最快的国家"，就算得不到这个称号，也能让中国变成世界上比较快的国家。第一轮我和董荷斌就是对阵德国队的舒马赫和维特尔，是实力最强大的国家，玩玩看咯，这世界上没有一定的。

2009年11月3日

当记者问我有什么感受的时候，我只说了三个字，亚克西。

终于获得N组冠军

2009赛季终于过去了。在最终的CRC邵武站上，我和领航员孙强代表上海FCACA车队终于获得了N组的车手总冠军。当记者问我有什么感受的时候，我只说了三个字，亚克西。

能够战胜国内拉力赛实力最强的贵州百灵车队的车手刘曹冬我很开心。

这一场冬冬的轮胎选择余地没有我们的多，所以吃了点亏。希望明年可以继续和他竞争。他现在在柏油路上的速度也非常快，有这样全能而且比我更年轻的一个对手，我觉得很荣幸。

另外同属百灵车队的魏红杰的速度也是经常快得惊人，他的领航员黄少军以前是徐浪的领航。黄少军遇见我还说，他很多时候甚至不知道是徐浪快还是魏总快，可见对手的速度越来越快。今年魏红杰因为脚伤缺席了两场，否则年底的竞争会更加激烈。另外一个对手加队友王睿今年运气很差，但他的赛段时间也很快，而且状态好的时候像嗑药了一样能从头领先到尾。这三人都是我最大的对手，为了明年的卫冕，在这个冬天里，我不得不进补一下。

在拉力赛场上另外要感谢的是车队经理和技师。

今年是我们车队经理北极虾第一个完整的车队经理年，但是车队拿到了两个冠军，以一分之差得到年度亚军，还有年度车手冠军，差一点就能圆寂了。

他是一个非常认真的人，而且在选择车手方面很有眼光，比如选择了我，比如选择了柏油路上的芬兰外援科托马和英国外援麦克西。事实证明，在不同的路面上他们都是最快的车手。等王睿的实力完全展现的时候，大家就可以看见我们的车手阵容有多么合理。

在车队管理上，他对细节要求很高，我对他的唯一意见就是能不能不要让我早起。当然，最后一场投诉对手的事情，我想一些媒体有些误会，他其实并不明白这些拉力赛的规则。当时是我本人认可和提出了这个投诉。因为我以前也曾因为一样的原因受罚而王睿也曾因为类似的原因受罚，所以我认为没有问题。只是我在比赛中始终当做对手没有被罚时而全力推进，最终就算去除对手被罚的时间，还是能够领先对手。这样大家就心里坦然了。

另外领航员也是被大家忽略的人。在新闻里，我只能看到我夺冠的名字，但是我非常感谢我的领航员孙强。而且我前几天还发现原来他心思细腻，还写博客，在此将他加入链接。他除了有时候突然间短路导致我经常因为迟到而罚时十秒以外，其他的表现非常完美。我可以获胜，有百分之四十九的功劳是他的。

在赛段里，他与我共生死，就算有碰撞，我也经常不知道为什么撞的是他那一边，在此也要恭喜他获得年度冠军领航。此外他开车其实也很好，当然比我还是差一点的。希望以后记者在提起车手的时候能够带上领航员，比如韩寒杠孙强，刘曹冬杠安东尼，魏红杰杠黄少军等。

也要感谢我的技师和很多记者朋友。

希望CRC可以发展得更加好，今年CRC唯一的遗憾是，我们车队获得了两个国内车手的冠军，两个亚军和一个季军。贵州百灵车队获得了两个国内车手的冠军、一个亚军和一个季军。

但是我们这两个很注重国内拉力车手的车队只获得了年度车队第二名和第四名。东南万宇车队只有一次国内车手季军，但是他们获得了年度车队冠军。

在过发车台的时候往往都是外援车手，因为举办拉力赛的城市都好大喜功，他们更希望让人觉得这个是国际赛事。多少次国内一号车车手居然连过发车台的资格都没有。车队大量的资金和最好的资源都给了老外，欧洲每个国家的冠军车手都在我们这

里练车，国内N组几乎没有席位给任何的新人。他们当然很快，
但这样的话，中国再无年轻优秀车手涌现的可能性了。

2009年12月22日

我身边的很多朋友都撞到过我被陌生女子堵住要求负责的情景。对此我表示不负责。

几多遗憾

一、在北京参加了两个发布会，其实并不是抱着去宣传的目的，切实联系到我自己利益的图书我都不愿意去宣传。实际上，因为我和媒体以及读者们不常面对面见面，此行的目的是降低大家对《独唱团》的期望。我最初的想法是将这本杂志做成一本更自由更野的文艺杂志，但是很遗憾的是，在现有的出版制约下，这个想法很难实现。我又不愿这本杂志妥协到甚至还不如一本传统文学杂志的尺度去出版。现在这本杂志还没有下厂印刷，实际日期遥遥无期。事实上，第一期的内容在几个月前已经准备好，甚至连第二期都已经准备得差不多了，但是一直在各种地方卡住导致无法印刷。我本人其实非常无奈，我也将和我的合作方作更大的努力。请相信我本人其实完全不想拖延，我的本意是想改善一下国内写手的生活，再这样拖延下去弄不好自己的经济都要拖垮，过年弄不好都没新衣服穿了。所以我不会故意拖延，我只是想为相信我的作者们争取更自由的写作空间。也许是我个人的能力和力量都有限，希望得到读者的谅解，原谅我的无能。也请大家全面调低对这本文艺杂志的预期，就算它能最终在近期下厂，在前几期它将有可能非常差。我将竭力保证它的基础质量，但你们不要对这本杂志抱有任何的期望。最后再向大家说明，航班将继续延误，并不是因为飞机出了机械故障，而是天气条件恶劣。

二、我所在的拉力车队上海FCACA车队决定不参加今年的全国汽车拉力锦标赛。对此我感到非常的突然和遗憾。虽然我失业了，但感谢这支车队带给我的荣誉，这是一支优秀而有潜力的车队，帮助我赢得了去年的年度车手总冠军。希望以后我们能有另外的合作机会。但是，我本人将坚定地留在CRC中国汽车拉力锦标赛中，至于新加盟的车队，现在还在洽谈之中。希望FCACA车队可以在国外的比赛中获得好成绩，为国争光。但是到亚太拉力锦标赛和中国的全锦赛在浙江龙游交汇的时候，我也将代表新东家，全力击败FCACA车队。

三、我本人从来不会使用QQ或者MSN泡妞，即便有，我和对方在现实世界里肯定早已经熟识了。从2006年开始，几乎每年都有几个不同省份的女孩子或者女子，在我比赛的现场或者打我的电话（不知道她们是如何知道我的号码的）甚至冲到我的老家，表示在网上与我热恋了好长的时间，该到了见面履行我的承诺的时候。我身边的很多朋友都撞到过我被陌生女子堵住要求负责的情景。对此我表示不负责。我相信她们也会关注我的博客，再次申明，我没有使用QQ等聊天工具与不相识的人网恋的习惯，如果有号称是韩寒的人与你热恋，请明辨是非。同时对于假冒我的人我也觉得非常纳闷，你替我前戏了这么久，你图个啥呢？这只是我对于可能还在上当受骗的姑娘的一个公开提醒，希望媒体的朋友手下留情，看过算过，谢谢。

2010年1月9日

从位置上来看，我要去的是北边，但是在记忆中，我却应该要上南通方向的匝道，真的好健脑。

春天的故事

啊，春节又来了。为了喜迎春节，我去洗了我的金毛，晚上去接它的时候，面对宠物店一屋子的金毛，我唤了一声它的名。有一只金毛站了起来。现在想来，那应该是第一只被吓醒的而已。我牵上它就走。结果大家都知道，我牵错了一只。带着牵错的狗上了高速公路，上海换路牌工程终于祸及我经常使用的A5高速公路。一上去，赫然两块大路牌——南通方向，宁波方向。我当时就傻眼了。之前是市区方向和金山卫方向，我想去市区就走市区方向，想去郊区就走金山卫方向。现在真是方便司机一路到底，以后全上海索性南北向的高速全都换成哈尔滨方向和三亚方向，东西向的高速公路全换成拉萨方向和洛杉矶方向得了。凭借着记忆，我成功地回到了家，之前到我家是A5转A30，现在是G15转G1501。一条高速公路的编号居然有英文数字混杂的五位，都能作一个安全性不错的密码来使用了。

　　但是，我成功地到家了。家里人都在等待我的到来。吃完饭，我们又看起了春晚。很多人要抵制春晚，我觉得完全没有必要，因为批评春晚并不被禁止，这年头要找一个全国性的项目可以随意批评既不屏蔽又不请喝咖啡真的很难。但是时过境迁，春晚变了。在十年前，春晚是全国下一年流行语的发源地，春晚提供给大家笑料；在今天，春晚本身就是一个笑料，它只能在网络上捡一点已经过时的流行语和段子，居然还捡了我17岁时候的一句比喻句。而且这个比喻句光央视其他节目我就看到用过三次。央视的新闻频道其实做得还不错，因为我相信做新闻的人骨子里都是有职业追求的。

　　记得有几年，出过不少好的相声，我至今深深记得"领导冒号"。虽然幽默未必必须讽刺，但是幽默和讽刺往往是联系在一起的，你又要歌功颂德，又要幽默，真的是难为这些创作者了。

　　但是，我不得不说，这一届的春晚，我看到的最好的小品就是刘谦演的。你说，从摄影师、导播、女主持，到桌子上的每一个人都是被安排好的，演不明真相的群众演得是那么真诚。这是央视的强项。这一届最佳小品应该给这个节目。而且这是一个创新，这应该是魔术史上第一个使用全演员阵容的"近景魔术"。其实我个人更加喜欢的是魔术师的神奇手法，刘谦完全具备这个能力，比如他用牌的那一套。近景魔术我认为是有原则的，那就是尽量少的道具，就地取材，纯群众，靠手法，所以刘谦表演的这个绝对不是近景魔术，只是一场话剧而已。但这已然是春晚最能让人看下去的节目了，因为这个节目里只安插了广告，而没有安插政治。

以前我最喜欢看小品，但是网络提升了我的笑点。当我发现全中国最著名的笑星们加起来还不如一个帖子搞笑的时候，我将视角拓展到了以往我最讨厌的舞蹈。这届的春晚我喜欢上了舞蹈，一来舞蹈是最难被强加意识形态的一种艺术，但最主要的是大陆的舞蹈演员不光敢想，而且真的敢穿。但是我建议以后的电视节目在需要宣扬某种东西的时候不要使用儿童演员，他们什么都不懂。本是最可爱的一群人，但在舞台上一个个笑得那么夸张和狰狞，我实在是不忍看到。

最激动人心的莫过于《亚克西》的登场，虽然已经做好了心理准备，但在看到这个节目的时候，我爷爷奶奶都被触动了，他们恍惚以为自己穿越回了用粮票的年代。他们看亚克西好比我们看小虎队，都是时光倒退二十年。

其实早在1999年的时候，《亚克西》已经上过了春晚，当时的歌词是这样的：

伊犁河水翻波浪，灌溉着牧场和农庄。绿树成行公路织成网啊，葡萄满架瓜果香。什么亚克西，什么亚克西啊，咱们的家乡亚克西！

到了2009年的今天，领导喜欢重口味，歌词变成了这样：

农民们一辈子种田地，上缴税费也合理。如今取消了农业税啊，阳光照在了心头里。什么亚克西，什么亚克西啊，党中央的政策亚克西！

这到底是进步还是退步呢？以男性的视角来看，我认为这是进步，因为十年之前，他们还穿着内衣，十年之后，他们彻底赤裸裸了。

看完了春晚，我高高兴兴地回家睡觉了。一上回程的高速公路，又是南通方向和宁波方向。我沉浸在亚克西给我的冲击中不能自拔，一时又迷糊了。从位置上来看，我要去的是北边，但是在记忆中，我却应该要上南通方向的匝道，真的好健脑，党的政策亚克西。

群众的文化生活是丰富的，今天我又去看了电影。朋友说，我们买一张联票吧，可以两部电影连看。我说还是不要了，以正常人的体质，国产贺岁商业片，一人一天只能承受一部。如果你连看了《刺陵》、《三枪》和《苏乞儿》，那你就活不到明年的春晚了。咱们还是一部一看吧。于是，我买了电影票，欢天喜地地进了电影院。多么快乐的一天。

2010年2月15日

有些人想做影响大众的艺术家，有些人想做影响艺术家的艺术家，他想做后者，我是这么以为的。

左小祖咒：
悲伤地坐在你身旁

这里我向大家介绍我的一位朋友，左小祖咒。最初是在北京的时候，我的朋友梁朝辉向我推荐了他的音乐，我在车里一听，当时就想，酒后不能驾车，但是酒后可以唱歌。那首歌是他和陈珊妮的《当我离开你的时候》。

你若是要嫁人，不要嫁给我，因为你和我一样，要的太多，除非你得到的，全都失去，像赤贫的石头，像赤贫的石头。

后来我从北京开车一直南下，带了两张唱片，一张是《左小祖咒在地安门》，一张是《我不能悲伤地坐在你身旁》。车里的朋友说，操，这是什么路子，他天生唱歌就这样么？

我说，应该不是这样，他是故意的。

朋友说，那他为什么要这么唱呢？

我说，我给你左小祖咒同志的电话号码你去问他。

左小祖咒是跑调的，但因为他本人就是音乐的创作者，所以只要他说在调上那就是在调上。这点曾轶可的歌迷可能也深有感触，喜欢一个跑调歌手绝对不是因为他跑调。如果你只听到了左小祖咒同志跑调或者唱腔独特，那也许是我们对音乐的喜欢不一样。反正对我来说，不知道为何总是能感动我，当然，可能每个人的感动点都不一样。

我也给其他朋友推荐过左小，在听过这个醉汉的梦呓以后，大部分人表示，这是什么玩意儿。当然，这也许和我对歌词的特别看重也有关系，这也许是出于我的个人喜好。

总之在中国歌手中，歌词能够拿得出手的人并不多。我不认可现在的诗人是因为他们的水平太差，但每一个优秀的作词者其实就是一个诗人。所以我郑重地推荐他的歌词，他是中国为数不多的好诗人之一。

春节里左小祖咒来我家里玩，我弟弟也在，一进门左小祖咒就热情地向我弟弟介绍自己，说，你好，我叫左小祖咒。我弟弟说，叫从小诅咒你？这说明左小祖咒是够小众的，因为我弟弟也算是音乐爱好者了。

以前人们都以为豆瓣小众，就自己上，结果一起身发现全办公室都是豆瓣；以前人们都以为陈绮贞小众，就自己听，结果钱柜里一点歌发现还大合唱。

豆瓣和陈绮贞虽然我也非常喜欢，但那其实是未过度商业化的比较舒服的相对高档的大众文化，但左小祖咒的作品真的是很小众，永远不可能产生上述情景。大家接受不了这很正常，因为他的唱片中有一半的歌我也接受不了，就像有四分之一的罗大佑的歌我也接受不了一样，关键是在那个我能接受的部分，我非常的接受。

有些人想做影响大众的艺术家，有些人想做影响艺术家的艺术家，他想做后者，我是这么以为的。

在我家这一场长达半天的聊天中，我最大的收获是狗不能吃鸡骨头。这句话没有任何的额外意义，就是四条腿的狗不能吃两条腿的鸡的骨头，因为鸡骨头碎了以后比较尖。

我看过了很多美景，我看过了很多美女，我并不是一个很容易被感动的人，我诚意地向大家推荐左小祖咒这位诗人和他三月十九日北京的万事如意演唱会。

不是因为这个人为无名山增高一米，不是因为这个人在天安门露出底裤，不是因为这个人对现实的嘲笑调戏，不是因为这个人一张唱片卖五百，而是在我能接受的那部分里，他很结实地感动到了我。给上这位朋友官方网站的地址，大家自动选择喜欢或者不喜欢。因为这个世界上，他来听我的演唱会的机会并不多，更多的是我去听他的演唱会。http://www.zuoxiaozuzhou.com/。

祝愿大家旅途愉快。

2010年3月8日

朋友，请不要随意玷污在这个时代里被删除的文章。

夏安，回见，勿念。

最近两周忙于比赛，刚回来，一切很好。

在写新的小说，杂志也应该终有眉目。

我是一个怕冷的人，一直开着暖气，这几天发现要开冷气了，冷暖其实有常，就是太突然了。在南京的时候我尝试了游泳，但是依然只会潜泳，一换气就沉水里了，于是就成了一个永远抬不起头的人，不知道会游泳的朋友有什么建议。我一直想去参加铁人三项，长跑和骑车都是长项，但组委会不接受游泳的时候用救生圈，所以我一定要学会游泳。

另外，因为最近有一些文章被删除了，所以有一些产品和节目想到了用此来做广告。比如最近有某个电影，他们的宣传团队就想出了替我PS了一张博客截图，发新闻稿说是我写了一篇文章，爆料两个明星为了抢着上这部电影而自降片酬，并评论一番。最后，这篇文章被删了，所以博客里并没有。

这样的事情应该是某些娱乐策划公司做的，而且出现过不止一次，都以"韩寒被删除文章"来做宣传。我想说，朋友，我了解你。想尽办法要给客户做宣传的压力，但别以为这是策划创意，这是不上道拿不出手的方法。另外，朋友，请不要随意玷污在这个时代里被删除的文章。

最后，给这么早起的读者们一个礼物，老朋友联想最新的手机——乐PHONE，反应速度很快，操作系统很好，很值的一款手机。这篇文章和下一篇文章最早留言的新浪注册用户都可以获得一台。谢谢每一个读者的支持，夏安，回见，勿念。

2010年5月27日

　　互联网十年，该启蒙的人已经被启蒙了，有常识的人一直有常识，大家其实都知道美和丑，好和恶，只是我们有不可抗力的因素导致我们在台面上要扭曲和违背一下自己。

一些琐事

　　《独唱团》终于在今天下厂印刷，20天以后和大家见面，暂以丛书的形式出版，两个月出一期，定价是16元，在没有接受广告和确保印刷品质的情况下，这个定价得益于一年半前就囤了三十万册的纸张，如今的纸张和印刷涨价了百分之二十左右，以后的价格也许会有小幅调整。在此期间，我和我的同仁就不接受媒体的采访了，上市也将不单独召开任何形式的发布会，主要是想降低大家对《独唱团》的期望。虽然作者们提供了非常优秀的文章，但它终究只是一本文艺读本，无论是从程序上还是从本质上，它都无法承载很多人对于改变现状、改善社会的期望。我们总说，这个社会需要常识，需要启蒙，但其实我认为，互联网十年，该启蒙的人已经被启蒙了，有常识的人一直有常识，大家其实都知道美和丑，好和恶，只是我们有不可抗力的因素导致我们在台面上要扭曲和违背一下自己。要改变靠自己，现在不是旧年代，资讯毕竟对我们开放了七八成，我们也已经了解了这个世界七八成。而一本文艺读物，除了能提供好的文艺作品以外，能量有限，如果你抱着看战争片的心态误看了一部文艺片，无论这部文艺片多好，你都会失望。

另外一事，在松江莘庄交界处莘松路的麦当劳边上，有一个没有意义的混凝土隔离墩，水泥色，没有任何的警示和反光标志。每到下雨和晚上，几乎等于隐形，必然要有车撞上，光我曾经目睹的就不下六七辆车，均损毁严重。我曾经放过两个雪糕桶，自然是第二天就没有了，类似的水泥隔离墩，如果有车以超过60的速度撞上去，又没有系安全带，必然有生命危险，应该严格禁止路政部门在道路上设置的隔离墩的前三节是水泥材质。在我全国各地的驾车生涯中，至少看到过上百起类似撞隔离墩的车祸，几乎都是雨天夜晚，对面中国传统的远光常开，你莫名其妙就撞上突然出现的隔离墩或者骑上隔离带了。类似设计和摆放一定要修改，这比在高架底下刷漆装嫩紧迫一万倍。

2010年6月10日

我不喜欢你，于是我编造了你来我家偷东西的故事，并且意淫了没偷着被我家的狗给咬了的结局。

莫名，我就仇恨你

我最近经常在论坛里看到"69圣战"，当时我并不了解内容。很明显，我对"69"两个字的好感要大于"圣战"两个字，我挺害怕看见"圣战"两字的，就像我害怕看见"坚决打倒"、"旗帜鲜明"等带有恐怖色彩的词汇一样。所有的这些词汇都代表着民间狂热煽动和失去理智，官方完全排他和铲除异己。

这次"69圣战"的诱因是世博会期间，大批韩国艺人的粉丝聚集世博会会馆区域等待发送演唱会门票，因为人数众多，还和前来维持秩序的军警有所冲突。有觉得丢人的中国网友去这些韩国艺人的网站上指责他们，有个韩国艺人的中国粉丝又代表中国给他们的韩国偶像道歉，于是发生了"69圣战"。

这场最后圣战其实只是网络上的大朋友欺负小朋友，但说实话，我为两方都感到挺惭愧的。

我与韩国人的唯一接触是五年前在韩国一支车队比赛，参加亚洲的一个方程式锦标赛。我的队友是一个韩国车手，家境非常一般，以前在这个车队做维修工，后来变成了韩国很不错的赛车手，算是一个励志故事。那个时候无论我去韩国比赛或者他们来中国比赛，都觉得挺融洽。

突然之间，中国的年轻人，尤其是网民对韩国人非常反感，其反感程度大大超过了日本，说实话我觉得挺奇怪的。

后来开始传出韩国人掠夺中国文化遗产的事情，我本人作为非物质文化遗产也被抢过一次。

最近盛传韩国人要抢我们古代的文化遗产，从四大发明到文人墨客，都成为韩国人争相论证有韩国血统的对象。我中华民族文化人上下五千年来几乎从来没有过可以随心所欲写文章的时候，基本上还没写出代表人类进步的东西来，身体器官就会缺少一点什么，大则脑袋小则鸟，写点前朝的事已经算是最大尺度了，所以留下的真正文化遗产屈指可数。我们都是很宝贝的，你随便抢走一个，我们就损失了百分之二十五啊。

大家的激动我很能理解，如果我们国家哪天宣布莎士比亚、伏尔泰、高尔基、舒伯特、但丁、雨果、海明威、川端康成均拥有中国血统，我估计八国联军得再出动。

　　一个国家的文化是一个成熟国民对自己国家自豪感的重大来源，偏偏韩国人最喜欢抢中国文化。

　　但这是真的么？这些基本都不是真的，除了端午节和韩国的端午祭有名字上的冲突以外，其他的所有关于韩国掠夺我们文化遗产的事件都是我们自己捏造或者夸大的，这事情说出来其实挺难接受的，但事实就是如此。我不喜欢你，于是我编造了你来我家偷东西的故事，并且意淫了没偷着被我家的狗给咬了的结局。

　　我喜欢韩国么？说实话，我并不喜欢韩国，我的生活里几乎没有什么韩国的产品。

　　韩国的电器在中国卖得很贵，性价比不高，韩国车进步很大，但始终不能算作一流，我肯定不会买。看过几部韩国电影，有两三部很不错，其他也都一般，那些不错的电影也普遍压抑。

　　我绝对不会看韩剧，我绝对不会听韩国歌星唱歌，也不喜欢他们的打扮，我也不喜欢韩国料理——但我绝不讨厌韩国，我甚至尊重韩国。如果你了解一些韩国的民主进程，你应当敬佩韩国人民。韩国虽然国土面积不大，但是他们居然向世界的部分，全亚洲，尤其是中国输出了他们当代的文化。不管这个文化深刻还是肤浅，韩国做到了，韩国还输出了它的自主商品品牌，而且还都不低端。

中国和韩国官方之间始终没有大的敌意，我不明白为什么两国的年轻人会有那么大的敌意。当然，主要其实还是我国不同年龄段网民之间的互掐。我们何必要这些莫名其妙的仇恨和对立？如果有商家在背后做推手，那就更不应该挑起这些不同民族、不同时代的年轻人之间的矛盾。

中国人，韩国人，韩国年轻人，中国八零后，中国九零后，我们其实应该坐在一起点着篝火好好聊天、大家和谐才对。

在这个大朋友欺负小朋友的游戏里，大朋友们其实应该再想得多一点。他们是脑残么？他们的确脑残。而我想告诉那些小弟弟小妹妹们，每个人都有自己的偶像，甭管他是哪个国家的。等大家长大了以后，有些人觉得自己真有眼光，偶像自己也很争气。你说出自己的偶像时，周围人都觉得你有品，你可以继续粉他，你可以不粉他，但你无悔自己年少时的选择。

在你的一生里，你都可以大声地说，我的偶像是叉叉叉。而有些人长大以后都不好意思告诉别人自己年少的时候粉的是叉叉叉，恨不得把当时的日记和照片都撕了，别人帮你回忆起来，你还不愿意承认。小心成为后者。我不是假装过来人在和你装逼似的传授人生经验，那是怪叔叔，你要小心的，而我是另一个大朋友。

然后要说给大朋友们听。

就像买车一样，现在人家小朋友就喜欢韩国车，你说人家脑残，你们要买我们自主品牌国产车，结果人家小朋友还是买了韩国车，那是你的自主品牌比人家差；轮到你买车的时候，因为你积累的比人家多点，你不一样买美国车和欧洲车，最好也就买个合资品牌的号称国产车的进口车。你觉得人家追韩国明星傻逼，你不一样天天看美剧，千万不要用这种假爱国情操来欺负人家小朋友。

我赞叹你们的团结与志气，但是你要像爱护你的小弟弟一样去爱护你的小弟弟。当年你也学过紫龙，你也模仿过流川枫，你也追过F4，你也迷恋过莱昂纳多，纵然你品位高一些，没去世博会场抓瞎，但你不能去辱骂你的小弟弟喜欢SJ。

在你们圣战的前后日子里，有多少同胞需要你们的支援，那些比你们年纪大一些，你的哥哥们，他们在和工厂争斗，他们争斗来的每一分钱也许就是你们未来的基本工资，你表示无所谓；曾经你的父辈们，他们在为敏感词而争斗，你表示不清楚；一个月前，曾经你的爷爷们，他们在为全新的中国而争斗，你表示没兴趣。你好意思和你的小弟弟小妹妹们谈爱国么？

我认为大朋友应该先退一步，小朋友们再提高品位，否则最后韩国人一样唱他们的歌，而这种仇恨特别容易裹着"圣战"的称号，最终从某场演唱会上、从网络上走到现实里，变成我们中国青年和少年的内斗。在这个充满了年长者带来的罪孽的社会里，我们将拥有罕见的青年人面向年幼者而不是面向年长者的斗争，成为世界青年运动史上的一朵奇葩。

2010年6月11日

祝愿这所学校培育出更多像我一样德智体美劳全面发展的好学生，永远有这么好的环境，永远不要被房地产商把这块地给买了。最后，我有一个小小的请求，我每次想去母校看看的时候，门卫间的大爷能不能放我进去？我真的不是外校的小流氓，我是本校的小流氓。

纪念母校
——致青春预备役

前不久和一个朋友去她的母校，朋友溜进去后光荣地说，我当年在这里主持升旗，并且在校史上找到了自己的名字。后来还有一句，如果让我老师知道我是和你来的，他们一定崩溃了。很遗憾，我从小学的时候就是这样的形象。如果你们也是好人，其实到最后你们会知道，我们的目标是一样的，只是我们的方式不同。

当年进松江二中非常不容易，好在现在不怕老师了，也不怕被开除了，我就可以全部交代。

当年是因为我初中的女朋友直接免试被录取到这里，我才锁定了这所学校。在这个学校里干的坏事非常多，不好好上课（但是我一直在好好学习），假装抽烟喝酒（出了学校以后反而十年没有沾过），半夜爬水管子去三楼的女生寝室——你们可能都不知道如何才能进去，我也是研究了一个星期。这个工程就像《越狱》一样，需要图纸，我这里还有一份当年设计的路线图，可以顺利安全地进入女生寝室。当然，这个计划的最后一个程序是要有人给你开房间门的，要不你爬上去干吗？

和女朋友分手后，还泡过学姐，追过学妹，中意过老师，后来留级了以后，又认识了同班的女朋友，相处多年。如今可以全部说出，好痛快啊。

其实我对松江二中很有感情，我非常中意学校的环境，以至于以后去一些大学的时候，老说你们大学比我的高中差远了。我永远记得占据了学校最好的中心位置的居然是一个厕所。

学校的教学楼是三排古楼，高一挨着厕所，高二夹在当中，高三面对花园。从楼盘的角度来讲，高三那栋楼是最好的，也应该是最晚开盘的，房价最高的。高一的楼是最差的，挨着厕所和自行车库。无奈我实在成绩太差，读了两年还一直在厕所边上念书。一开始是高一七班，离厕所还远一点，后来留级以后索性变成了高一十班，就在厕所边上，难怪念书念得那么臭。

其实我与松江二中没有什么恩怨，相反，我还特别感激这所学校。我认为，在当时的教育体系下，它已经给了我最大的宽容，甚至还给我安排了单独的宿舍，当然，这是怕我影响其他的同学，也为了我可以更好地写东西。但是这样的做法已经很有魄力了。同学们，你们能想象吗？坐拥一个两室一厅一卫，十六张床任你选择，正对女生寝室门口，这样的房型和地理位置，多么能激发创作……下一代的欲望。

很多的老师，包括当时的校长、顾老师、戴老师、邱老师、李老师、洪老师、乔老师、王老师等等一系列老师，都试图挽救我。结果我成绩太差了，没有能够留校。离开学校是我自己提出的，当时大家选择了一个折中的方案，就是休学，如果以后混不下去，还可以回到学校。松江二中能这样宽容我，我很感激。当然，走了就不会回去了。

但是这所学校影响了我，我最青涩的青春，我世界观的最初都在这所学校里形成。学校有学校的规矩，这个规矩已经对我网开一面，但是我还是没有能够达到最低的限度，其实在这个游戏规则里，那就是我的错。

离开这个学校的时候，我非常不舍，未知的世界里虽然没有围墙但什么都没有了，这些老师们虽然赞同或者不赞同，挽救或者不挽救，但是至少没有一个人对我有任何的坏心，所有人都希望我有好的未来，但是在学校以外，你就需要去分辨好人和坏人。

最后，有一些话我想对这所学校里的同学说，这些都是我的经验之谈，没想到我终于有了可以倚老卖老的一天。

首先，观点不同的时候，不要只想着争论，自己做一些事情去。没有一个车队会接纳只用嘴说自己很快的车手。你可以不要试卷上的成绩，但是你必须要有成绩。

其次，你可以对念教材漫不经心，但是你永远要记得学习。上学和学习是两回事，但是一定要热爱学习。不断地学习，不断地进化，不断地强大，女同学不喜欢没本事的男生的。

告诉女生，这个学校虽然很适合谈恋爱，但是记得一定要在寝室熄灯前回去。也可以帮自己中意的男生洗一洗内裤袜子的。未来会有大出息的男孩子，在洗衣服上一般都不太拿手的。希望你们实现自己的理想，有好的大学，好的工作，好的家庭，好的老公。如果你的老公是你的高中同学，那就更加恭喜了。

告诉男生，追女孩子的时候，我有一个秘诀判断她们的好坏。我从小到大能好好相处的我所痴迷的女孩子，最少都是两条杠，基本都是三条杠。

学习成绩好的又漂亮的女孩子一定是很好的。首先，家教一定好；其次，以后带出去肯定很得体，因为她们和同学老师的关系都处理得很好，不会让你在朋友面前丢面子的，而且还乖，都不会坏，又踏实。不要以为她们内心很高傲，其实她们是最好追的，乘风放胆去吧。

当然，作为一个男生，你如果也是两条杠三条杠之类的，那就没戏了。这样的女孩子是宝，但这样的男孩子就什么都不是了。学习成绩好的女孩子一般一动心就动很久，一出轨就出很远，好好珍惜她们。

祝愿大家做一个好好学习的女孩子，做一个拥有能力的男孩子，最重要的是，先学会生存，再学会更好地生存，最后学会不违心地生存。

要做一个好人，所有的吃亏和被骗只能激励你的斗志，而不是你的仇恨。不要危害社会，不要妨碍他人。成家立业，儿女绕膝，享受平静的生活，不要让自己的女人吃苦，不要让自己的男人洗内裤，当然洗内裤不算吃苦。在这所学校里，你们的人生会奠基，无论你喜欢光明大道还是旁门左道，要记得在走的时候，你的人是要站直的。

祝愿这所学校培育出更多像我一样德智体美劳全面发展的好学生，永远有这么好的环境，永远不要被房地产商把这块地给买了。

最后，我有一个小小的请求，我每次想去母校看看的时候，门卫间的大爷能不能放我进去？我真的不是外校的小流氓，我是本校的小流氓。

2009年10月

编者按：此文为韩寒2009年10月为母校松江二中105周年校庆而作。

_{qīng} _{chūn}

青春

我只是站在这个舞台上
被灯光照着的小人物

韩 寒

1982—2082

1998年出版第一本小说《三重门》

主编杂志《独唱团》，均销售过两百万

拥有一个影响力极大的博客，总点击超过5亿次，平均每篇文章超过百万人阅读

《时代》杂志全球百大影响力人物

同时也是职业赛车手，效力于斯巴鲁中国拉力车队和上海大众333车队

2007年、2008年、2009年均获得总冠军，是中国赛车史上

唯一一个能获得双料总冠军的车手

出版作品

长篇小说《三重门》

散文集《零下一度》

长篇小说《像少年啦飞驰》

影像集《寒·十八禁》

散文集《就这么漂来漂去》

妙语录《毒》

佳句选《草》

杂文集《通稿2003》

作品集《韩寒五年文集》

长篇小说《长安乱》

长篇小说《一座城池》

长篇小说《光荣日》

杂文集《杂的文》

长篇小说《他的国》

杂文集《可爱的洪水猛兽》

主编杂志《独唱团》

长篇小说《1988：我想和这个世界谈谈》

博客：http://blog.sina.com.cn/twocold

青春

出版统筹｜瞿洪斌　责任编辑｜胡艳红　曾诗玉　特约编辑｜陈曦

装帧设计｜朱君君　后期制作｜顾利军　责任印制｜匡涛　营销策划｜金锐

出品｜万榕书业　出品人｜路金波

特别鸣谢：伪文艺女流氓、出版阿拉蕾、加纳姐姐、记忆在失眠、Michael — peng 、
　　　　　爱芷晨 –Quasimodo_ 和旅美

官方网站　http://www.wanrongbook.com
官方微博　http://weibo.com/wanrongbook
官方QQ　　4009787001

万榕书业

图书在版编目（ＣＩＰ）数据

青春／韩寒著. -- 长沙：湖南人民出版社，
2011.8（2012.6重印）

ISBN 978−7−5438−7745−0

Ⅰ.①青… Ⅱ.①韩… Ⅲ.①杂文集－中国－现代
Ⅳ.①I267.1

中国版本图书馆CIP数据核字(2011)第174820号

青春

韩寒 著

出版统筹：瞿洪斌

责任编辑：胡艳红　曾诗玉

特约编辑：陈　曦

出版、发行：湖南人民出版社

网　　　址：http://www.hnppp.com

出版投稿：chubantougao@126.com

联系电话：0731-82683355

地　　　址：长沙市营盘东路3号

邮　　　编：410005

经　　　销：湖南省新华书店

印　　　刷：河北新华第一印刷有限责任公司

印　　　次：2012年6月第1版第5次印刷

开　　　本：880×1230　1/32

印　　　张：7

字　　　数：110千字

书　　　号：ISBN 978-7-5438-7745-0

定　　　价：29.00元

营销电话：0731-82226732 （如发现印装质量问题请与承印厂调换）